지금 충만을 받으라

그리스도인들의 영적 성숙을 위한 성령의 역할

로이 헷숀 지음 · 정갑중 옮김

기독교문서선교회

기독교문서선교회(Christian Literature Crusade: 약칭 CLC)는
1941년 영국 콜체스터에서 켄 아담스에 의해 시작되었으며
국제 본부는 영국의 쉐필드에 있습니다.

국제 CLC는 59개 나라에서 180개의 본부를 두고, 약 650여 명의
선교사들이 이동도서차량 40대를 이용하여 문서 보급에 힘쓰고 있으며
이메일 주문을 통해 130여 국으로 책을 공급하고 있습니다.

한국 CLC는 청교도적 복음주의 신학과 신앙서적을 출판하는
문서선교기관으로서, 한 영혼이라도 구원되길 소망하면서
주님이 오시는 그날까지 최선을 다할 것입니다.

Be Filled Now

by
Roy Hession

translated by
Ghapjoong Jung

Copyright © by Roy Hession
Originally published in English under the title as
Be Filled Now
by Roy Hession.
Translated and used by the pemission of
The Roy Hession Book Trust, 3 Florence Road,
BROMLEY, Kent BR1 3NU, England.

All rights reserved

Korean Edition
Copyright ⓒ 2013 by Christian Literature Crusade
Seoul, Korea

추천사

황 대 우 박사
고신대학교 교수

'성령 충만'이란 주제는 한때 한국 신학계의 뜨거운 감자였습니다. 그리고 신약신학자들과 조직신학자들 사이에는 아직도 이것이 정확히 무엇을 의미하는지 설왕설래합니다.

이 책의 저자 로이 헷숀은 저명한 신학자가 아니며, 이 책의 분량 역시 너무나도 적습니다. 그럼에도 불구하고 이 작은 책은 어느 세계적인 신학자의 어떤 두꺼운 책보다 '성령 충만'에 대해 명확하고 설득력 있는 해설을 제공하고 있습니다.

저자는 여기서 의도적으로 성령의 은사를 다루지 않습니

다. 그 이유는 성령의 은사가 성령 충만한 삶의 핵심이 아니라 부수적인 것이라고 보며, 그 부수적인 것보다는 핵심적이고 필수적인 요소들을 먼저 다루고자 했기 때문입니다. 저자가 이 책에서 강조하고자 하는 점은 성령 충만의 현재성입니다. '성령 충만의 현재성', 이것이 바로 이 책을 빛나게 하는 가장 큰 강점이요, 다른 책과 구별되는 이 책만의 독특성입니다. 성령 충만이란 지금 이 순간, 바로 여기서 받는 현재적 경험이지, 이전에 이미 많이 받았다는 과거 사실에 대한 회상도 장차 받게 되리라는 미래 희망에 대한 기대도 아니라는 것입니다.

성령 충만은 우리 자신의 새로운 회개, 결단, 혹은 선행과 같은 외적인 믿음의 결과로부터 시작되는 것이 아니라, 이미 우리가 받아서 소유하고 있는, 즉 믿음의 원인이신 성령으로부터 시작된다는 사실입니다. 그러므로 성령 충만을 받기 위해 우리가 먼저 해야 할 무언가가 있다고 생각한다면 그것은 심각한 오해입니다. 성령 충만을 받기 위해 요구되는 특별한 '선행조건'은 없습니다. 우리는 지금 우리의 상태가 어떠하든지 있는 모습 그대로 주님 앞에 세워 둘 수만 있으면 됩니다. 저자가 말하는 성령 충만이란 믿음 충만, 은혜 충만, 그리스도 충만 외의 다른 것이 아닙니다. 성령, 믿음, 은혜, 그리스도라는 단어 가운데 어느 것도 우리에게서 비롯되는 것은 없습니다. 그것은 오직 하나님께로부터 시작될 뿐입니다.

자신이 이전에는 큰 은혜와 성령 충만을 경험했고, 그래서 활기찬 신앙생활을 했지만 지금은 더 이상 그런 경험이 없고 신앙의 무기력증에 빠져 자신감을 잃어가는 모든 사람에게 일독하기를 강력하게 추천하고 싶습니다. 그 무기력증이 자신의 죄 때문이라고 생각하는 사람들, 그 죄 때문에 더 이상 성령 충만을 받을 수 없다는 절망감에 사로잡힌 사람들에게 이 책은 그 죄에서, 그리고 그 죄로 인한 절망감에서 벗어날 수 있는 성령의 길을 안내하는 최상의 안내서가 될 것입니다.

이 책은 작지만 빛나는 보석과 같습니다. 비록 내용은 짧지만 성령 하나님과 성령 충만에 관한 아름다운 진리를 감동적으로 전달하기 때문입니다.

저자는 전문적인 신학자가 아님에도 불구하고 어떤 신학자보다도 성령에 관한 성경적 통찰력을 쉽고 설득력 있게 기술하는 능력을 가지신 분이며, 이 책을 번역한 정갑중 교수님도 신학을 전공하시지 않았음에도 불구하고 신학적인 혜안뿐만 아니라 뛰어난 번역 감각도 함께 갖추신 분입니다. 탁월한 통찰력을 지닌 저자에게 가장 잘 어울리는 탁월한 번역 실력을 지닌 번역자, 둘 다를 함께 만나는 일은 결코 흔한 일이 아닙니다. 이 책을 선택하는 순간, 당신은 바로 그 흔치 않은 일을 경험하게 될 행복한 주인공이 될 것입니다.

역자 서문

　우리가 범죄하고 실족해서 어두움에 갇혀 있다면, 회복되기 위해 수많은 눈물의 기도와 자신을 쳐 복종하는 많은 아픔과 연단의 시간들이 필요하다고 많은 그리스도인들이 생각할 것입니다. 저도 역시 한때는 그렇게 생각했던 사람들 중의 하나였습니다. 하지만 우리가 그렇게 해서 회복이 될 수 있다면 아마 그 시간은 우리 한평생을 다 바쳐도 부족할 것입니다. 죄 없으신 주께서 십자가에서 우리의 실패와 범죄를 친히 그 몸으로 담당하시고 피 흘리심으로 영원한 속죄를 단번에 이루시고 우리를 영원한 온전함과 영광으로 인도하신 그리스도의 은혜를 믿게 되면, 회복은 바로 그 자리에서 이루어짐을 저는 지금 확신하고 있습니다.

제가 저자의 책들을 읽던 중 가장 흔히 눈에 띄는 단어 중의 하나가 실패한 그리스도인(failed Christian)이라는 말이었습니다. 이 작은 책 역시 실패하고 자신에게 낙심한 그리스도인들에게 십자가의 능력과 은혜가 어떻게 회복과 부흥을 가져오는지에 대해 서술하고 있습니다. 비록 책의 분량이 적지만, 그 속에 우리 자신의 헛된 몸부림을 내려놓고 오직 그리스도의 보혈의 능력을 의지하여 승리하는 삶의 실천적이며 단순한 진리가 담겨 있습니다. '성령 충만은 우리의 신실함에 대한 하나님의 보상이 아니라, 우리의 패배에 대한 하나님의 선물이다'라는 본문의 말씀이 실패한 모든 성도들에게 바로 지금 이 시간 큰 위로가 되기를 바랍니다.

지면을 통해 감사할 분들이 몇 분 떠오릅니다. 부끄러운 저의 원고를 마다하지 않으시고 바쁘신 가운데 성실히 감수해 주신 고신대 황대우 교수님과 지금 이 시간도 성도들과 함께 웃고 울고 계실 조기영 목사님 그리고 글을 다듬어 주신 전은진, 김형랑 님께 지면을 빌어 감사드립니다. 특히 저와 함께 꾸준히 주님을 바라보고 있는 사랑하는 나의 조카이자 기도의 아들인 정인우 님께 특별히 사랑과 감사를 드립니다. 끝으로 제 졸고를 책이 되게 해 주신 CLC(기독교문서선교회) 가족들의 인내와 노고에 감사를 드리고 싶습니다.

부산 구덕산 기슭 캠퍼스에서
정갑중 識

CONTENTS

추천사(황대우 박사) · 5
역자 서문 · 9

제1장 내일이 아니라 바로 지금 · 13
제2장 인격이신 성령 · 19
제3장 주 예수의 대언자 성령 · 25
제4장 죄를 깨닫게 하시는 성령 · 35
제5장 위로하시는 성령 · 45
제6장 성령에 대한 네 가지 자세 · 61
제7장 지금 충만을 받으라 · 73
제8장 성령 충만의 결과 · 89

제1장
내일이 아니라 바로 지금

『지금 충만을 받으라』라는 이 작은 책의 제목에는 그 이상의 뜻이 담겨 있습니다. 이 세 단어(be filled now)에는 앞으로 이 책에서 언급하게 될 은혜의 핵심내용들이 잘 함축되어 있습니다. 그것은 우리가 바라는 바와 같이 내일 우리 모습이 좀 나아진 다음 그때에 충만하라는 말이 결코 아닙니다. 오히려 우리의 모습 이대로, 처해진 바로 이곳, 즉 우리의 실패와 처해진 현재의 궁핍 그 한 가운데서 '지금' 충만을 받으라는 말입니다. 그리고 지금 후에도 계속 지금처럼 말입니다. 부족한 사람들에게 주어지는 이러한 현재형의 축복은 우리가 하나님의 은혜에 대해 새로운 시각을 갖게 될 때에만 가능해집니다. 그것은 이 은혜가 우리의 현실 속에서 필요한 모든 축복의 근원이 되기 때문입니다. 그러므로 "성령의 충만을 받으라"는 말씀은 이러한 측면에서 이해되어야 할 것입니다.

신자 개개인의 삶 속에서 그리고 교회 전체에서 차지하는 성령님의 위치와 역할은 매우 중요합니다. 예수 그리스도의 얼굴을 보지 않고는 아무도 하나님을 알 수 없다는 것이 기독교 신앙의 기본진리라고 한다면(요 1:18, 고후 4:6), 성령님의 계시가 없이는 아무도 그분의 얼굴을 볼 수 없으며 그분을 주님으로 인정할 수 없음 역시 진리인 것입니다(고전 12:3). 더구나 '성령의 충만을 받으라'(엡 5:18)라고 하는 사도의 권면이 모든 신자들에게 여전히 주어져 있지만 그 말씀을 무시함으로 안타깝게도 그 충만함이 가져올 열매와 기쁨들을 상실하고 있지 않습니까?

저는 성령의 충만을 다루는 이 주제에 있어서 방언이나 신유와 같은 성령의 은사들에 대해서는 다루지 않기로 하였습니다(고전 12:8-10). 요즈음 이 문제에 대해 그리스도인들이 가지고 있는 대중적인 관심사를 고려한다면 이 말은 좀 이상하게 들릴지도 모릅니다. 실상 전세계적으로 여러 교파를 막론하고 많은 그리스도인들이 성령의 나타남과 은사와 더불어 이러한 체험들을 증거하고 있습니다. 아마도 성령을 다루는 어떠한 저서라도 이 현상을 외면하지 않을 것이고, 또 많은 분량을 언급하고 있을 것입니다. 이 부분을 생략함으로써 제 책이 오늘날 교회 내에서의 움직임과는 무관한 글이 될 수 있으며, 또 이 주제에 관해 궁금해 하는 독자들이 많기에 그들에겐 답답함과 조바심을 줄지도 모릅니다. 하지만 저는 두 가지 분명한 이유 때문에 의도적으로 이 주제를 생략하기로 했습니다.

먼저 성령의 이러한 초자연적인 은사에 대한 체험은 (감히 말하지만) 그리스도인들을 두 그룹으로 분리시키는 경향이 있습니다. 즉 은사를 가진 자와 갖지 못한 자로 나뉩니다. 그래서 사단은 이 둘 사이를 서로 경시하거나 화합하지 못하도록 유혹할 수 있을 것입니다. 하지만 하나님의 은혜의 메시지는 현재형이며 이 두 부류의 사람들에게 다 해당됩니다. 그러므로 성령의 은사를 체험한 자에게는 죄를 짓거나 실족하여 메마른 상태에서라도 성령의 충만함을 유지하는 법을 배워야 할 필요가 있을 것입니다. 이런 시간에는 과거의 놀라운 체험에 대한 기억들이 아무런 도움을 주지 못할 뿐 아니라, 오히려 그를 더 낙심케 하기 때문입니다. 하나님의 은혜가 그의 부족을 위해 완벽하게 그리고 한결같이 예비되어 있음을 깨달아야 하며, 그러기에 죄인의 모습 그대로 나와야 할 것입니다.

반면에 그런 체험이 없는 사람은 그것 때문에 자신을 부족하게 생각할 필요가 없습니다. 왜냐하면 하나님의 은혜는 대양과 같아서 아무리 깊은 부족이라도 채우시기 위해 찾고 계시기 때문입니다. 은혜라는 말의 참뜻은 받을 자격없는 자들에게 주시는 하나님의 사랑을 뜻합니다. 은혜가 은혜되기 위해서는 받을 자격이 없는 자에게 주어짐을 깊이 깨달아야 합니다. 그러기에 우리가 이러한 은혜를 받기에 적합한 자가 되기 위해 굳이 자격을 찾는다면 그것은 곧 이런 다양한 은사를 소유해야 하는 것이 아니라 오직 우리의 부족을 전적으로 그리고 정직하게 고백하는 것밖에 없습니다. 이와 같이 성령의 충만은 은혜로만 이 두 부류의 사람 모두에게 십자가를 통하여 우리 일상의 삶 속에 주어지는 것입니다.

또 한 가지 이유는 고린도인들에게 보낸 바울의 첫 번째 편지에서 아주 분명히 볼 수 있는 바와 같이 방언과 그 밖의 은사들이 비록 인정되고 나름대로 그 자리를 차지하고 있지만 그것은 성령 충만한 삶에 나타나는 부수적인 것들이지 핵심은 아니었습니다. 그래서 저는 이러한 부수적인 것들은 일단 제쳐 두고 보다 내면적이며 필수적이라고 생각되는 것들을 먼저 다루고자 합니다. 또한 저 역시 여기서 하나님의 은혜와 성령의 충만을 함께 배우며 발견하려는 한 사람의 동료로서 이 글을 쓰고자 합니다.

Be Filled Now

Roy Hession

제 2 장

인격이신 성령

이 장에서는 지각 있는 모든 그리스도인들이 알아야 하는 기초적인 것들을 짤막하게 다루고자 합니다. 우리가 함께 배우기 위해서는 기초를 튼튼히 세우는 것이 무엇보다도 필요할 것입니다.

우리는 성령님을 단순히 어떤 영향력으로 생각해서는 안 될 것입니다. 인격으로서의 성부 하나님과 성자 하나님같이 그는 삼위의 세 번째 위격이신 인격이십니다. 그분은 신약성경에서 일관적으로 그것이 아니라 그분으로 불려지고 있습니다. 흠정역(Authorized Version)에서는 오직 한 곳에 '성령이 친히'(the

Spirit itself, 롬 8:16)라고 명명되고 있지만, 더 정확한 번역에 관심을 기울인 개정역(Revised Version)에서는 '성령이 친히(The Spirit himself) 우리 영으로 더불어 우리가 하나님의 자녀인 것을 증거하시나니'로 바르게 수정되어 있습니다. 또 다른 곳에서는 번역자가 성령께서 인격으로 묘사됨을 확실히 하기 위해 정상적인 문법의 원칙을 어기기도 합니다. 요한복음 16:13에 '진리의 성령이 오시면 그가'라는 말씀이 있습니다. 여기서 성령으로 번역되는 헬라어 프뉴마(pneuma)는 중성명사이지만 문법과는 달리 인칭대명사 그(He)로 취급되고 있는 것입니다.

이와 같이 우리는 시작부터 그분을 존엄하신 하나님의 한 위격으로 경배해야 합니다. 이 땅에 관한 하늘의 모든 계획을 실행하심이 바로 그분께 위임되어 있습니다. 성부께서 모든 권세를 성자에게 주셨지만(마 28:18) 그 권세를 이 땅에 실행하는 것은 성령의 사역입니다. 그분은 신격의 실행자시며, 그 능력 안에서 우리는 사도행전을 통하여 그분의 역사와 행하심을 볼 수 있는 것입니다. 그러므로 이 책은 사도행전이라기보다는 성령행전이라고 하는 것이 더 정확한 명칭일 것입니다.

우리는 앞서 이 땅에 관한 천국의 계획에 관해 잠시 말한 바가 있습니다. 그 첫 번째 위대한 계획은 누구든지 자신의 죄를 회개하고 예수 그리스도를 주로 믿는 자에게는 거듭남과 새로운 피조물이 된다는 것입니다. 우리가 거듭나도록 일하시는 분은 성령이시기 때문에(요 8:3) 이것은 그분의 특별한 영역입니다. 그분은 그리스도를 믿기로 결단한 자들에게 개인적으로 찾아오셔서 그들의 마음속에 거처를 정하시고 영원토록 거하심으로 이 일을 이루십니다(요 14:16).

> 속죄의 보혈에 내 모두를 맡기자.
> 내 안에 성령 오셔서
> 나는 하나님의 자녀로 태어났네.

이 노래는 하나님의 자녀를 세상 사람들과 구별 짓는 고백인 것입니다. '우리가 세상의 영을 받지 아니하고 오직 하나님께로 온 영을 받았으니'(고전 2:12).

이처럼 그리스도를 믿음으로 새로이 태어난 모든 자들은 성령을 받았다는 말씀은 너무나 명백한 것입니다. 에베소서 1장에서는 우리 마음속에 성령님이 내주하심은 곧 우리가 그리스도의 소유라고 하는 인침(seal)이라고 말하고 있습니다. '그 안에서 또한 믿어 약속의 성령으로 인침을 받았으니'(엡 1:13). 이 인침이 없이는 로마서 8:9의 말씀처럼 우리는 '그의 소유'가 아닌 것입니다. 그러나 에베소서의 본문이 우리에게 보여주듯이 이 성령님은 인침일 뿐만 아니라 그 얻으신 것을 구속하실 때까지 우리의 기업에 보증이 되십니다. 보증이란 말은 성령께서 선불하셨다는 뜻입니다(확대 신약성경 Amplified New Testament에는 이렇게 번역되어 있습니다). 이처럼 우리 속에 임해 계시는 성령님은 그리스도의 소유에 대한 인침이시며 또한 장차 영광 중에 우리의 기업이 될 것에 대한 선불인 것입니다. 만약 이 선불이 '말할 수 없는 영광스러운 즐거움'이라면 다 이루어진 그 마지막 때에는 어떠하겠습니까?

아마 그때 그 현장에서는 성령님을 통해 우리에게 주어지는 충만과 능력의 더 큰 부어주심을 단순히 '성령을 받는다'라는 말로 표현한다는 것은 적절치 않을 것입니다. 왜냐하면 우리는 이미 성령을 받았기 때문이지요. 신약성경을 살펴보면(갈 3:2) 성령을 받는다는 말씀이 오직 우리가 거듭날 때 성령을 처음 받는 것을 뜻한다고 볼 수 있습니다.

그렇다면 성령의 충만함이란 무엇입니까? 그것은 쉽게 말해서 우리의 마음속에 이미 임해 계시는 분이 충만히 채우심을 말합니다. 신자 속에 처음 내주하신 성령님과 이 동일하신 성령께서 그를 충만히 채우심의 차이를 예를 들어 설명해 보기로 합시다. 스폰지를 손에 들고 꽉 쥔 다음, 그 상태에서 물에 넣고 잠근 그대로 있다고 생각해 봅시다. 이제 스폰지는 물속에 있으며, 또 적은 양이 되겠지만 물이 그 속에 들어와 있을 것입니다. 만약 손을 물속에서 편다면 그와 동시에 물은 스폰지의 구멍마다 차게 될 것입니다. 이제 그것은 물로 가득 채워진 상태입니다. 이와 마찬가지로 우리가 예수 그리스도를 구주로 알게 되며 새로이 태어나면 우리는 성령께서 역사하시고 우리 심령 속에 내주하시는 그런 영역 안으로 옮겨진 것입니다. '만일 너희 속에 하나님의 영이 거하시면 너희가 육신에 있지 아니하고 영에 있나니'(롬 8:9)라고 한 바울 사도의 말씀이 바로 이것을 뜻하고 있습니다. 그렇습니다. 우리는 성령 안에 있고, 성령은 우리 안에 거하십니다. 하지만 이 성령께서 우리를 전적으로 통제하지 못하실 수도 있는 것입니다. 그러므로 우리가 속해 있는 성령님으로 충만케 되어야만 합니다. 우리 존재의 모든 부분들을 그분께 열어드리고 죄를 자각케 하시는 그분 앞에 자신을 포기하며 그분의 주 되심에 굴복해야 할 것입니다. 그렇게 할 때 우리는 성령으로 충만케 됩니다. 우리는 성령 안에 거할 뿐 아니라 이제 성령님은 우리를 충만히 채우십니다.

이 주제에 관해서는 나중에 더 자세히 살펴보기로 하겠습니다. 일단 여기서는 우리가 회개하고 주 예수를 믿으면 존엄하신 성령께서 친히 우리 안에 거하시고 우리 몸을 당신 자신의 성전으로 삼으신다는 이 영광스러운 사실 앞에 경이로움과 함께 안식합시다.

제3장

주 예수의 대언자 성령

이제 이 땅에서 행하시는 성령의 사역이나 역할에 관해 생각해 보기로 합시다.

주 예수께서는 여러 차례 그를 보혜사(Comforter)라고 부르셨고(요 14:16, 26; 15:26) 또 제자들에게 그(주 예수)가 떠나가는 것이 유익이며 그렇지 않으면 보혜사께서 오시지 아니할 것이라고 말씀하셨습니다(요 16:7). 이 '보혜사'라는 단어가 우리 안에서 역사하시는 성령님의 역할을 이해하는 데 도움을 줄 것입니다. 이 단어는 요한일서 2:1에서 볼 수 있는 '대언자'(advocate)라고 번역된 말과 헬라어로 같은 단어(paraclete)입니다. '만일 누가 죄를 범하면 아버지 앞에서 우리에게 대언자가 있으니 곧 의로우신 예수 그리스도시라.' 그러므로 이 '대언자'라는 단어는 곧 성령님을 설명할 때 '보혜사'라는 단어 대신에 사용할 수 있는 단어인 것입니다. 이 말은 곧 두 분의 대언자가 이 구절들에서 등장함을 나타내고 있습니다. 그 한 분은 주 예수 그리스도시고, 다른 한 분은 성령님이십니다.

    대언자라면 우리가 알다시피 법정에서 우리의 요청을 담당하고 또 대변하는 분을 말합니다. 여기서 우리는 예수께서 우리를 위해 일하시는 모습을 볼 수 있습니다. 그분은 천국에서 우리의 대언자로 하늘의 지엄한 법정에서 회개한 죄인들의 탄원을 담당하시기를 기뻐하고 계십니다. 그분은 우리의 무죄를 증명하기 위해 구태여 증거를 찾지 않습니다. 그는 우리가 거역한 하나님의 거룩한 율법의 모든 송사가 사실임을 다 아시지만 우리를 위해 흘리신 그분의 속죄의 피로 변호해 주십니다. 우리가 범죄할 때 우리의 대언자께서는 우리의 죄를 위해 자신을 화목제물로 아버지께 드리십니다. 찬송시의 가사처럼, '그가 상처를 보이시고 손을 펴 보이시네.' 하늘에서 대언자의 중보가 없었다면 하나님의 모든 자녀들은 오래전에 하나님과의 관계가 끊어졌을 것입니다. 하지만 자녀가 죄를 지으면 아버지와의 화평을 느끼지 못하게 됩니다. 그러나 그 죄를 자복하면 그가 처음 예수께로 나올 때처럼 예수의 피로 인하여 하나님과의 화목이 새롭게 회복되는 것입니다. 이처럼 천국법정에 이러한 친구가 계시는 것이 얼마나 놀라운 일입니까.

요한복음의 이 구절에서 성령님도 대언자라고 불려지고 있습니다. 이 대언자께서는 천국에 거하지 않고 신자들의 심령 속에 내주하십니다. 그들이 거듭날 때 성령님은 오셔서 거처를 함께 하십니다. 하지만 그분은 누구의 대언자일까요? 신자들의 대언자라기보다는 오히려 주님의 대언자로서 그분의 원하시는 바를 지켜 나가는 일을 맡고 계십니다. 여기서 우리는 두 분의 대언자를 볼 수 있습니다. 즉 한 분은 하나님 앞에서 신자들의 대언자이신 그리스도와, 신자들 앞에서 그리스도의 대언자이신 성령님입니다. 한 분은 하늘에서 신자들의 소원을 담당하시고, 다른 한 분은 신자들 속에서 그리스도의 소원을 섬기십니다.

이 사실에서 우리는 성령님의 중대한 역할을 밝히 볼 수 있습니다. 그것은 세상과 교회 그리고 성도 개개인 속에서 주 예수님의 소원과 보좌의 권세를 지켜 나가는 일입니다. 이것이 곧 예수께서 성령에 관해 말씀하실 때에 '그가 내 영광을 나타내리니'(요 16:14)라고 하신 말씀의 참뜻입니다. 그는 그리스도를 나타내시고 또 그리스도에 관해 말씀하시며, 그리스도를 높이시고 그리스도의 관심으로 사람들을 다루시며 그리스도를 믿지 않는 죄를 책망하시며 그리스도께 자리를 내어드리지 않는 죄를 회개케 하시는 일을 하십니다. 그의 모든 말과 모든 활동의 목표는 오직 그리스도, 그리스도, 그리스도입니다.

주께서 성령에 관해 말씀하실 때에 '그가 내 영광을 나타내리라'고 하셨을 뿐만 아니라 '내 것을 가지고 너희에게 알리겠음이라'(요 16:14)고 말씀하셨습니다. 쉽게 말해서 이 말씀은 곧 우리가 주님 앞에 지은 죄를 회개케 하셔서 이 드러난 죄를 해결하기 위해 주께서 이루신 것들을 그가 우리에게 보여주실 것이라는 뜻입니다.

> 하나님의 영이 나의 스승되셔서
> 내게 그리스도의 것들을 보여주시네.

여기서 '그리스도의 것들'이라 함은 죄인들을 위한 그분의 은혜와, 사랑할 수 없는 자들을 향한 그분의 사랑, 그분의 구속의 완전하심 그리고 그의 피의 가치와 지금 우리의 모습처럼 나쁜 사람들을 위한 의에 관한 것들을 말합니다. 정말로 예수님은 그 어떠한 필요라도 채우실 수 있습니다. 이러한 것들이 죄인의 화목과 용서를 위한 '내 것'인 것입니다. 왜냐하면 주 예수께서는 이런 죄인을 구하시려고 세상에 오셨기 때문입니다. 이처럼 통회하는 자들에게 이러한 것들을 이루시기 위해 그분께서 마련하신 것들이 얼마나 완전하며 충분한지를 보여주시는 것이 바로 그분의 대언자로서의 사역인 것입니다. 그렇습니다. 그 어떠한 경우보다도 자신의 실패를 인정하는 실패자들을 위한 그리스도의 은혜의 풍성함을 성령께서 보여주실 때 그는 가장 크게 그리스도의 영광을 나타내는 것이 됩니다. 예수 그리스도는 실패한 사람들을 회복시키는 일에 탁월하시며 그러므로 그 이름이 높임을 받습니다. 그분은 죄 때문에 충격을 받으시거나 실망하시지 않습니다. 왜냐하면 바로 그것 때문에 은혜가 효력을 발생할 기회를 얻기 때문입니다. 그리고 주님은 대신 책임져 주십니다. 성령께서 이 사실을 보여주시지 않으신다면 범죄자는 결코 그것을 믿지 못할 것입니다. 성령님의 이 사역으로 주께서는 죄인들의 눈에 얼마나 영광스러우시겠습니까!

이처럼 성령님은 그리스도의 위대하신 대언자로서 우리의 부족을 깨닫게 해 주시고 또 그리스도 안에서 그 부족을 채울 풍성한 것들이 예비되어 있음을 보여주십니다. A. H. Vine은 그의 찬송시에서 이것을 잘 묘사하고 있습니다.

> 그리스도는 하늘에서 우리의 대언자시며
> 당신은 우리 안에서 우리의 대언자시네.
> 오, 우리의 모든 죄를 진리로 변호해 주시고
> 대신 답변해 주시네.

이와 같이 성령께서는 우리의 대언자라기보다는 그리스도의 대언자라고 하는 편이 나을 것입니다. 왜냐하면 그는 진리를 변호해 주시고, 또 모든 죄를 그리스도와 그의 피를 보이시며 답변해 주시기 때문입니다.

하나님께서 인간을 다루시는 일에 있어서 성령님의 위치와 사역을 보여주는 생생한 예로 자기 아들 이삭의 신부감을 구하기 위해 자신의 종을 먼 곳으로 보내는 아브라함의 이야기를 들 수 있습니다. 그 종이 만약 자신에 관해 이야기하여 사람들의 관심을 모았다면 그의 목적을 결코 이루지 못했을 것입니다. 그가 딱 맞는 소녀를 발견하자 그의 진짜 일이 이제 시작된 것입니다. 그것은 곧 주인의 아들에 관한 이야기로 그 소녀의 마음이 그 아들에게 쏠리도록 하여 가족과 결별하고 그를 따라 이삭에게로 가게 하는 일이었습니다. 아침, 점심, 저녁 오직 그의 대화에는 그 주인의 아들에 관한 이야기밖에 없었을 것입니다. 그의 용모와 매력은 의심할 여지없이 강조되었을 것이고, 특히 그의 부에 관해 '주인이 그 모든 소유를 그 아들에게 주었나이다'라고 이야기했을 것입니다. 그녀에게 끼워준 귀고리와 손목고리들은 그녀가 그 아들의 아내가 되기로 승낙하면 갖게 될 부의 증표가 되었을 것입니다. 참으로 그는 분명 가장 최적격의 신랑감이었습니다! 리브가의 오라비 라반이 그 누이의 귀고리와 그 손의 손목고리를 보고 가로되 '여호와께 복을 받은 자여, 들어오소서. 어찌 밖에 섰나이까.' 아마 그는 한마디로 '주 그대 주인의 아들에 관해 더 소상히 말해주시오'라고 말했을 것입니다. 그리고 그는 오라비로서의 역할을 잘 수행하기 위해 충분한 설명을 들었을 것입니다. 소녀의 마음은 주저 없이 기울어 '내가 가겠나이다'라고 답했을 것입니다. 마침내 리브가가 이삭의 품에 있는 것을 보는 그 종의 기쁨은 충만했을 것입니다.

옛날 아브라함의 종과 그들과의 역할처럼 존귀하신 성령님의 사역도 우리와의 관계에서 꼭 그렇습니다. 즉 그리스도와 그 은혜 그리고 영광에 대하여 보여주셔서 우리 마음을 설득하시고 사로잡아 우리로 하여금 갈보리까지 그를 따라 예수님의 발 아래 머물도록 하십니다. 그리고 그는 예수님과의 처음 만남뿐만 아니라 그 후로 끊임없이 우리가 죄로 인해 식어지고 메말라 황폐해질 때마다 그렇게 하십니다. 예수께서는 이 땅에서 대언자와 항상 함께하셔서 우리 심령 속에 자신을 나타내시고 또 그의 십자가, 곧 해방과 승리의 자리로 거듭거듭 우리를 인도해 주심이 얼마나 아름다운 일입니까.

이처럼 성령님은 오직 한 목적, 즉 그리스도를 높이는 일을 하십니다. 이 근본적인 사실을 깨닫고 체험하는 것이 우리를 모든 실수와 때로 위험스러운 길로 이탈하는 것으로부터 지켜줄 것입니다. 만약 우리가 어떤 성령의 특별한 체험을 함으로 성령님을 높이며 그 체험에 초점을 맞추게 된다면 우리는 그와 협력하는 관계가 되기보다는 오히려 사람들의 시선이 오직 주 예수께로 향하게 하고자 하시는 그분의 의도를 방해하는 것이 된다는 것을 깨닫게 될 것입니다.

Be Filled Now

Roy Hession

제 4 장

죄를 깨닫게 하시는 성령

우리는 주 예수의 대언자로서의 성령님의 사역을 간단히 둘로 나눌 수 있습니다.

무엇보다도 그는 오셔서 우리의 죄를 책망하거나 깨닫게 하셔서 회개케 하십니다. 예수께서는 '그가 와서…세상을 책망하시리니…저희가 나를 믿지 아니함이요'(요 16:8-9)라고 말씀하셨습니다. 요한복음의 잘 알려진 장들에서 세 번이나 성령님에 관하여 예수께서는 '저는 진리의 영이라'고 부르고 있습니다(14, 15, 16장). 여기서 진리라 함은 어떤 교리의 집약을 뜻하는 것이 아니라 있는 그대로의 사실을 계시함을 말합니다.

이것은 우리 자신이 죄인이라는 진상을 우리에게 보여주시는 것이 성령님의 사역이라는 말입니다. 고요한 가운데 냉철하게 그는 진리의 밝은 빛을 조명하셔서 우리 마음속의 생각과 반응들, 우리 입술의 말과 우리 손의 행사들을 언제나 드러내십니다. 자기중심적이며 죄 된 모든 것들은 아무리 우리가 포장하고 합리화시킨다 하더라도 그렇게 다 드러나고 맙니다. 그분은 우리 자신이 안주하고 있는 망상의 세계를 산산이 부숴 버리시고 참된 우리 자신의 모습을 보이시기를 원하십니다. 그분의 가장 큰 관심은 우리가 진리를 아는 데 있습니다. 왜냐하면 그는 진리의 영이시기 때문입니다. 그가 요구하시는 것은 단지 정직한 반응입니다. 즉 그가 우리에 관해 보여주시는 모든 것에 자기변명이나 아무런 숨김없이 '주여, 옳소이다'(마 15:27)라고 말씀드리는 것입니다. 이것이 곧 시편 51편에서 말하는 '중심에 진실함을 주께서 원하시오니'라는 말씀이 의미하는 것입니다. '주께서 원하시오니'라고 하는 이 구절은 같은 시편의 조금 뒷부분에서 '주는 번제를 기뻐 아니하시나이다'라는 말씀으로 이어집니다. 이 두 구절을 연결시켜 보면 '주께서 번제를 기뻐하지 않으시고 중심에 진실함을 원하시나이다'라는 이 시의 메시지를 여러분은 발견할 수 있습니다. 우리의 활동이나 심지어는 예배까지도 종종 우리 자신이나 타인으로부터 진실을 은폐하는 가면이 될 수 있습니다. 성령님은 이러한 모든 자기기만과 가식을 싫어하십니다. 바로 이런 경우에 그분이 원하시는 것이 예배가 아니라 진실함인 것입니다.

이것이 요한복음 3:21에서 말하는 '진리를 좇는 자는'이 뜻하는 바입니다. 이 구절에서 또한 '악을 행하는 자는 빛을 미워하여 빛으로 오지 아니하나니 이는 그 행위가 드러날까 함이요, 진리를 좇는 자는 빛으로 오나니 이는 그 행위가 하나님 안에서 행한 것임을 나타내려 함이라'함을 읽을 수 있습니다. 우리는 '악을 행한다'라는 말과 상반되는 것이 '선을 행한다'라고 혹 생각할 수 있지만 하나님 앞에서는 아닙니다. 하나님께는 '악을 행한다'의 반대는 '진리를 행한다'인 것입니다. 즉 우리의 악에 대해 정직함을 말하는 것입니다. 우리가 저지른 악에 대해 선을 행하려고 애쓰기 전에 먼저 우리의 악을 그분께 완전히 드러내고 그가 지적하시는 것들에 '주여 옳소이다'라고 단순히 시인하는 것을 그는 원하십니다. 그분은 우리가 새 페이지를 넘기는 것보다 지나간 페이지를 다시 펴기를 원하십니다. 왜냐하면 우리가 새 페이지를 넘기려고 하면 뒷 페이지를 어쩔 수 없이 숨겨야 하며 그렇게 되면 숨겨진 죄에 대해 예수의 피는 우리를 정결케 할 수 없을 뿐만 아니라 우리가 평안을 누릴 수도 없기 때문입니다. 용서와 죄사함의 약속은 우리가 단순히 죄를 자복하기만 하면 주어지는 것입니다(요일 1:9). 죄를 고백하기만 하면 우리는 용서를 간청할 필요가 없습니다. 죄를 자복하는 그 순간 바로 우리는 그것을 얻게 되는 것입니다. 하지만 우리의 고백 속에 묻어 두는 것이 있다면 어떠한 간구라도 우리 심령 속에 평안을 줄 수는 없을 것입니다. 이것은 비단 하나님과 사람 사이뿐만 아니라 사람과 사람 사이에서도 마찬가지로 소용이 없게 됩니다. 타인과의 관계를 회복하기 위해 '혹시 제가 잘못했다면 용서해 주십시오'라는 식으로 말을 했다면 아무도 그 말이 그 깨어진 관계를 회복시켜 줄 것이라고는 생각지 않을 것입니다. 고백에 '혹시'란 말은 없습니다. 우리가 저지른 잘못을 온전히 고백만 하면 하나님의 은혜가 얼마나 신속히 우리를 만나주시는지 우리는 놀라게 될 것입니다. 많은 경우 인간의 용서에 있어서도 마찬가지입니다.

  이것이 곧 죄를 깨닫게 하시는 성령님의 사역입니다. 진리의 빛을 비추실 때 우리가 진심으로 응답하는 것입니다. 그리고 이 진리의 빛은 마치 태양이 비치는 것처럼 언제나 소리 없이 냉철하게 비치고 있는 것입니다. 성령께서 어떤 특별한 시간 우리 영혼이 영적으로 각성된 그때에만 죄를 자각케 하시고 다른 때에는 우리를 그냥 내버려 두시는 그러한 경우란 결코 있을 수 없습니다. 성령께는 '때에 따라서'라는 것이 없습니다. 만약 우리가 죄책에 대해 감각이 없다면 그것은 그가 우리를 각성시키지 않아서가 아니라 우리가 귀를 기울이고 보려고 하지 않기 때문입니다. 성령님의 음성은 세미하기 때문에 죄책에 대해 우리가 놓치기 쉽습니다. 오직 죄를 깨닫기를 갈망하는 자들만이 그분의 음성을 듣게 되며, 오직 주 예수를 굶주려 하는 자들만이 갈망하게 되는 것입니다. 이들을 주님으로부터 떼어놓는게 무엇이든 그것으로부터 자유케 되는 유일한 길이 이 길밖에 없음을 이들이 알기에 그 음성을 갈망하게 되는 것입니다. 주님을 사랑하려고 애쓰고 있는 이들이 아닙니까.

때로 우리는 죄에 대한 책망이 없는 것 같은 상태에 있으므로 모든 게 다 괜찮구나 하고 생각할 때가 있습니다. 그러다가 다른 그리스도인들이 어떻게 성령께서 그들의 죄를 구체적으로 지적하셔서 예수의 피로 씻어 주셨는지에 대해 생생한 간증을 하며 주님을 찬양하는 모습을 보게 됩니다. 그리고는 저건 우리의 체험과는 다른데 하고 이상하게 바라봅니다. 그렇다면 이것은 우리가 그러한 체험의 필요를 초월한 것인가요 아니면 우리가 그들을 사실 그대로 보지 않는 것입니까? 많은 경우 그것은 후자입니다. 우리가 흔히 경시하는 이러한 것들을 볼 수 없는 이유는 하나님께서 다루시도록 내어드리기를 싫어하는 보다 크고 근본적인 그 무엇이 우리에게 있기 때문입니다. 예를 들어 밝은 햇빛 아래 짙은 그림자를 드리우는 높은 벽이 있다고 상상해 봅시다. 그 그림자 속에서는 그곳에 자라고 있는 잡초들이 눈에 잘 띄지 않을 것입니다. 그러나 이 큰 벽을 제거하고 나면 작은 잡초들이 빛에 드러나서 그것들의 작은 그림자를 만들고 있을 것입니다. 그리고 쉽사리 이것들을 제거할 수 있을 것입니다. 우리가 하나님과 함께 '빛 가운데 행한다'(요일 1:7)라고 하는 것은 단순히 그 빛이 드러내는 것에 우리가 '그렇습니다'라고 말하는 것을 뜻합니다. 이것은 우리와 하나님 사이에 실재하는 어떤 장애물을 제거하는 것을 의미하기도 합니다. 하지만 그렇게 되면 우리가 죄를 깨닫는 일이 적어지기보다는 오히려 더 많아지게 됩니다. 왜냐하면 주께서는 이제 매일매일의 삶 속에서 우리의 타락한 본성에서 너무나 쉽게 튀어나오는 눈에 띄지 않던 죄악들을 보여주시기 때문입니다. 그러나 이 죄의 깨달음은 우리가 곧장 '그렇습니다, 주님'이라고 고백하기만 하면 죄 씻음을 얻게 해 줍니다.

하지만 죄를 깨닫게 하시는 성령님의 이 사역에서 그는 언제나 주 예수의 대언자로 활동하심을 인지하십시오. 이 말은 곧 그분이 우리에게 죄에 대해서 말씀하실 때에는 항상 그리스도와의 관계 속에서 하십니다. 단지 어떤 비윤리적이거나 율법에 상반되는 차원에서 우리의 죄를 책망하시는 것이 아니라 주 예수의 주인 되심을 거역하거나 그를 십자가에 죽임을 당케 하는 그런 죄 됨에 대하여 하신다는 말입니다. 성령님은 우리를 도우셔서 우리가 찌른 자를 애통하며 올려다 볼 때까지 만족하시지 않습니다. 그분이 우리에게 책망하시는 죄의 성격은 참으로 '죄에 대하여라 함은 저희가 나를 믿지 아니함이요'라고 표현할 수 있습니다. 이 말씀은 곧 무엇보다도 모든 죄의 대표적 속성은 불신이라는 것을 암시합니다. 우리를 위한 그리스도의 구속을 받아들이기 싫어하는 것이며, 이것은 결국 우리의 목이 곧고 완고하며 마음이 강퍅한 까닭입니다. 이러한 죄로부터 우리의 시각이 꺾이지 않는 우리의 태도와 그의 간섭하심에 맞서는 완고함과 자기정당화로 나타나는 우리의 모습으로 옮겨질 때까지 그분은 그것들을 깊이 다루시지 않습니다.

'너는 가서 요단강에 몸을 일곱 번 씻어라'고 한 선지자의 말에 복종하기를 싫어하는 나아만 장군과 그 주인에게 간청하는 종들의 이야기에서 우리는 죄를 보이시는 성령님의 책망과 우리의 외면에 대해 정말 좋은 예를 볼 수 있습니다. 나아만 장군은 그 일만은 정말 하기 싫어하지 않았습니까. 옷을 다 벗고 문둥병의 환부를 다 드러내야 했을테니까요. 하지만 그의 종들은 주인에게 따뜻하게 간청하고 있습니다(그들은 주인을 정말로 사랑했기 때문입니다). '선지자가 당신을 명하여 큰일을 행하라 하였더면 행치 아니하였으리까, 하물며 당신에게 이르기를 씻어 깨끗하게 하라 함이니이까'(왕하 5:13). 그 종들의 부드러운 애원에 자신을 꺾었을 때 얼마나 그에게 기쁜 일이 일어났습니까. 그 살이 여전하여 어린아이의 살 같아서 깨끗하게 되었더라. 이처럼 성령님은 우리의 교만으로 하기 싫어하는 바로 그 한 가지 일을 부드럽게 애청하십니다. '그리스도의 십자가 아래에 가서 씻어라.' 회개하기 위해서는 옷을 벗어야 되며 우리는 우리 본모습이 드러나게 되는 것을 두려워합니다. 하지만 우리가 복종하기만 하면 그리스도의 피에 잠겨 정결케 되며 온전케 되는 놀라운 기쁨을 얻게 될 것입니다.

이와 같이 성령님은 우리와 변론하시는 주 예수님의 대언자로서 항상 활동하심을 밝히 볼 수 있습니다. 주께 우리의 고개를 숙이고 우리가 처한 모든 일에 그분을 왕으로 인정하기를 그는 원하십니다.

Be Filled Now

Roy Hession

제5장

위로하시는 성령

앞서 우리는 죄를 범했을 때 그것을 깨닫게 하시는 성령님이심을 보았습니다. 이제 우리는 회개하는 자를 위로해 주시는 그분에 관해 알아보기로 합시다. 성령께서 우리를 만지셔서 우리가 회개하게 되면 그 순간부터 그분의 사역의 모든 방향이 전적으로 달라집니다. 이제는 애통하는 자를 위로하셔서 그리스도 안에서 그를 위해 예비된 모든 것들을 발견할 수 있도록 격려하는 일에 초점을 모두 맞추십니다. '그 모든 죄를 인하여 여호와의 손에서 배나 받았던' 백성에게 구약의 메시지는 '여호와 하나님이 가라사대 너희는 위로하라 내 백성을 위로하라'(사 40:1)고 말씀하십니다. 이 말씀은 오늘날에도 마찬가지입니다.

'대언자'(Advocate)로 번역된 헬라어의 그 단어가 여기서는 '위로자'(Comforter, 한글성경에서 보혜사로 번역됨-역주)로 번역된 것은 그 단어가 두 뜻을 다 지니고 있기 때문입니다. 그리고 우리 심령 속에서 행하시는 성령님의 역사를 체험한 사람이라면 그분이 그 성호를 받기에 정말 합당하신 분임을 알고 있을 것입니다. 죄를 책망하실 때는 그토록 혹독하며 상심케 하시던 성령께서 이제 죄를 애통하며 자신의 궁핍을 슬퍼하는 자들에게 한없이 다정하게 위로해 주십니다. '애통하는 자는 복이 있나니 저희가 위로를 받을 것임이요'라고 말씀하신 예수님의 그 위로를 성령께서 실행하십니다. 그는 그리스도의 것들을 가지고 우리에게 알리심으로 그렇게 하십니다(요 16:14). 이 말씀은 곧 통회하는 자들에게 그리스도를 증거하시고, 또 그의 보배로운 피가 하나님과의 화목과 온전한 관계를 회복케 하심에 부족함이 없음을 증거하시며, 새로운 모습으로 그분께 나아가며 즐거워하게 하신다는 것을 의미합니다. 우리가 고백하는 죄를 아직 짓기도 전에 주 예수께서는 이미 다 아시고 그것을 자신의 십자가에 옮기셨으며 우리가 처한 그 핍절한 시간 그 이전에 우리를 위해 미리 예비하신 것들이 있음을 성령님은 보여주십니다. 그는 부활하신 주님을 증거하시며 또 하나님께서 그를 죽은 자 가운데서 일으키심으로써 주께서 이루신 속죄사역을 무한히 만족하고 계심을 보증하시며, 우리를 위해 이루신 주님의 사역에 하나님께서 만족하신다면 우리 역시 그럴 수 있음을 우리에게 보여주십니다. 육신이 개선되기를 바라며 몸부림치는 성도에게 성령님은 죄짓는 그는 (롬 6장이 말하는 옛사람은 글자 그대로 예전에 있던 사람을 뜻합니다) 법적으로 그리스도와 함께 십자가에 못 박혔음을 증거하십니다(즉 하나님의 시각에서는 개선된 것이 아니라 끝난 것입니다). 그러므로 이제 성도는 하나님께서 십자가에서 끝내신 그 옛사람으로 인해 더 이상 실망하지 않게 되었으며, 죄인을 위해 필요한 모든 것들을 다 이루신 그리스도께 전적으로 의탁할 수 있게 되었습니다. 이와 같이 성령께서 증거하심으로 그는 복된 자신의 모습을 마침내 믿을 수 있게 되었으며, 그의 영은 자유를 누리며, 이 놀라운 구원을 인하여 기뻐하며 영광이 충만할 것입니다.

우리 죄를 깨닫게 하시고
말씀 속에서 예수를 보이시며
그분을 향한 믿음을 만드시니
성령의 행하심 알 길이 없네.

우리는 그분이 어떻게 그 일을 하시는지 알 수 없습니다. 때론 성경말씀을 통하여, 혹은 다른 사람들의 간증을 통해서, 찬송가 가사에서나 아니면 설명할 수 없는 더 직접적인 방법을 통해 하시는지 잘 모릅니다. 하지만 우리는 그분이 그 일을 참으로 하신다는 것을 분명히 알고 있습니다. 왜냐하면 이것은 교회 내에서 하시는 그분의 위대한 사역이기 때문입니다.

우리는 특별히 위로자로서의 성령의 사역에 가장 깊이 감동하게 됩니다. 우리 영혼이 냉랭하며 하나님으로부터 멀어져 있을 때 우리 행위의 노력으로 그분께 돌아가려고 애쓰게 됩니다. 우리가 범죄함으로 그분으로부터 멀어지게 되면 선한 일을 함으로써 그분께 돌아갈 수 있을 것이라는 생각이 드는 것은 어쩌면 당연한 일이겠지요. 그래서 스스로 좀 더 열심히 노력하기로 다짐하며, 더 고상한 목표를 설정하며, 하나님을 위해 해야 할 것들을 더 많이 찾게 되며, 경건의 시간을 더

오랫동안 드리기도 합니다. 물론 이 모든 일들이 나쁜 건 아니지만 우리가 이런 것들을 번번이 달성하지 못할 때에는 자기 책망과 패배감이 더해 결국 더 무거운 짐만 지게 됩니다. 좀 더 나아지려는 안간힘으로 우리는 긴장하게 되지만 결국 성공하지 못해 스스로 정죄하게 됩니다. '(만약 우리가 달성한다면) 생명에 이르게 할 그 계명이 (결국 내가 실패하므로) 내게 대하여 도리어 사망에 이르게 하는 것이 되었도다'(롬 7:10)라고 말한 바울사도가 경험한 것들을 우리도 하게 됩니다. 우리가 만약 이 길로 계속 가게 된다면 '오호라 나는 곤고한 사람이로다, 이 사망의 몸에서 누가 나를 건져 내랴'(롬 7:24)라고 부르짖는 바울 사도와 같은 절망의 자리에 도달할 것입니다. 성령께서 바울 사도에게 하신 것처럼 우리를 깨우치셔서 우리의 노력으로부터 다른 분의 공로로 눈을 돌리게 하시니 얼마나 다행한 일입니까. 우리를 위하여 십자가 위에서 다 이루신 그리스도의 공로로 말입니다. 바로 그곳에서 모든 노력이 우리를 위하여 다 성취되었고, 멀어졌던 우리와 하나님 사이가 다시 연결되었으며 화평이 이루어진 것을 우리는 깨닫게 됩니다! 우리 자신의 노력으로 화평을 찾으려고 애쓰던 것을 포기하고 죄인의 모습 그대로 예수께로 나와 그분이 이루신 공로 안에서 안식하기를 성령님은 청하십니다. 우리가 그의 말씀에 귀를 기울이게 되면 스스로의 몸부림과 자기책망의 짐은 우리 마음에서 사라지며 위로자가 주시는 평안의 세미한 음성을 심령 속에서 듣게 됩니다.

> 죄인이 할 것은 아무것도 없네.
> 큰일이든 작은 일이든!
> 예수께서 하셨네, 그가 다 이루셨네.
> 오래 오래전에.
>
> 오직 믿음으로
> 예수 공로 의지할 때까지
> 우리 노력 괴로워라
> 그 행위 죽음으로 끝나리.
>
> 쓰디쓴 그 노력 내던지라.
> 예수의 발 아래
> 그분 안에 거하리, 오직 그분 안에
> 다 이루셨네, 영광 중에

예수께서 성취하신 사역을 증거하시는 성령님에 관해 설명하는 가장 좋은 예화의 하나로 우리는 노아의 방주로 돌아온 비둘기를 들 수 있습니다. '저녁 때에 비둘기가 그에게로 돌아왔는데 그 입에 감람나무 새 잎사귀가 있는지라. 이에 노아가 땅에 물이 감한 줄 알았으며'(창 8:11). 비둘기가 돌아왔을 때 가지고 온 증표는 그 입에 있는 감람 잎사귀였습니다. 노아가 그것을 보고 물이 땅에서 물러간 지면의 한 부분, 즉 심판에서 벗어난 곳이 있음을 알게 되었습니다. 그 사실은 곧 방주 안에 있는 자들에게는 평화의 메시지였던 것입니다. 오늘날에는 성령께서 심판에서 벗어나신 유일하신 분이 한 분 계시다는 증표를 가져오십니다. 그분은 이전에 심판 아래 계신 적이 있었습니다. 정말 철저한 심판 아래 계셨던 것입니다. 그러나 부활의 권능으로 그것으로부터 벗어나셨습니다. 하지만 주께서 벗어나신 그 심판은 우리의 심판인 것입니다. 그러므로 우리의 보증이 되신 그분이 그것으로부터 벗어나셨다면, 우리를 위하여 보증이 되어 주신 그분으로 인해 우리 역시 그것으로부터 벗어난 것입니다. 이것이 곧 '예수는 우리 범죄함을 위하여 내어줌이 되고 또한 우리를 의롭다 하심을 위하여 살아나셨느니라'(롬 4:25)라고 하신 말씀이 의미하는 것입니다.

만약 여러분이 감람 잎사귀를 입에 물고 있는 비둘기를 보고 싶으시면 사도행전을 쭉 읽어보십시오. 그러면 어디서든 성령께서 부활하신 주님을 증거하고 계심을 우리는 볼 수 있을 것입니다.

> 하나님께서…살리셨으니(행 2:24).
> 이 예수를 하나님이 살리신지라(행 2:32).
> 하나님이 죽은 자 가운데서 살리셨으니(행 3:15).
> 하나님이 사흘만에 다시 살리사(행 10:10).
> ……………
> ……………

성령께서는 예수께서 심판을 겪으시고 벗어나신 이 복된 사실을 거듭거듭 증거하고 계십니다. 이 말씀은 곧 그분이 그러신 것처럼 우리 역시 하나님 앞에서는 정죄와 죄책으로부터 (심지어는 자책으로부터까지) 벗어났음을 의미합니다. 주님은 심판 아래 계셨으며 큰 파도와 물결이 그를 엄몰하였지만 그는 그것에서 영원히 벗어났습니다. 우리의 의롭다 하심을 위하여. 성령께서 이제 우리 영으로 더불어 우리가 주님처럼 모든 심판에서 벗어났음을 증거하십니다.

이 사실은 절망 중에 회개의 길을 찾은 자들에게 성령께서 주시는 견고한 위로인 것입니다. 우리가 이것을 진실로 믿으면 이전에 맛보지 못했던 참된 하나님의 사랑을 느낄 수 있습니다. 바로 이것이 우리 영혼 속에서 능력으로 행하시는 성령님의 첫 번째 역사이며, 그분의 내주하심이 주시는 첫 반향입니다. 이로 인해 우리 마음에 하나님의 사랑이 부은바 되어(롬 5:5을 보십시오) 이에 반응하여 우리 속에 하나님을 향한 사랑을 일으키십니다.

이와 같이 성령께서는 오직 우리를 위로하시기 위하여 우리의 죄를 책망하신다는 사실을 결코 잊지 맙시다. 이것은 우리가 성령님의 음성과 사단의 음성을 구별하는 데 도움을 줄 것입니다. 사단은 '형제들을 참소하는 자'라고 합니다. 그는 여린 양심을 참소하므로 그것은 성령님의 책망하심과 때로 구별하기 힘들 때가 있습니다. 하지만 마귀의 참소에는 결코 위로가 기다리지 않습니다. 그 참소는 오로지 우리를 괴롭게 하여 절망과 결박으로 몰아넣습니다. 만약 여러분이 그 참소에 수긍

하게 되면 그것이 끝도 없이 계속된다는 것을 우리는 본능적으로 알게 됩니다. 그는 항상 우리 영혼을 시내산으로 도로 끌고 갑니다. 우리가 결코 성취할 수 없는 행위의 모범인 율법의 장소로. 그리고는 마침내 절망에 이르게 합니다. 그러나 성령님의 책망하심은 간결하고 예리합니다. 우리가 그 책망에 자신을 숙이고 '그렇습니다'라고 하기만 하면 우리 영혼에 오직 평강만이 기다린다는 것을 우리는 본능적으로 알게 됩니다. 마귀는 우리를 시내산으로 끌고 가지만, 성령님은 항상 우리를 갈보리로 인도하십니다. 그분은 언제나 죄인을 위해 평안을 전하는 다정한 새 언약의 전령이십니다.

성령님의 위로는 우리 죄를 위한 그리스도의 대속뿐만 아니라, 우리가 겪게 될 모든 부족을 채우기 위해 예비된 것들을 다 포함합니다. '그가 내 것을 가지고 너희에게 알리겠음이니라.' 만약 우리에게 일어나는 일들을 다스리는 것이 우리 어깨에만 달려 있다면 우리는 아마 그것들을 넉넉히 감당할 수 있는 능력을 갖는 데에만 마음을 둘 것입니다. 하지만 그 정사가 주님의 어깨에 있다면 능력을 가져야 할 분도 오직 주님 한 분이십니다. 그리고 성령님은 주께서 갖고 계심을 우리에게 알려 주시기를 기뻐하십니다. 성령님은 우리 마음속에 주님을 나타내십니다. 사단을 이길 수 있는 분이실 뿐만 아니라 십자가에서 이미 승리하신 분이심을 보여주십니다. 그분께서 모든 정사와 권세 위에 뛰어나시고 하늘에 앉아계심을 성령님은 우리에게 보여주시며(엡 1:20-21) 또 대적하는 모든 권세 위에 지극히 뛰어나시며 우리 역시 그와 함께 하늘에 앉혀주심을 보여주십니다(엡 2:6). 이 말씀은 곧 우리가 단지 이길 수 있는 편에 선 것이 아니라 이미 이긴 자의 편에 서 있다는 말입니다. 즉 우리는 승리를 위해 싸우는 것이 아니라 승리로부터 싸우는 것입니다.

우리의 문제 속에서 주 예수님이 보여주시는 이러한 것들을 깨닫기 전에는 우리가 긴장과 염려, 안간힘에 싸이며 그 문제들이 우리를 누르고 있습니다. 그러나 이러한 핍절한 시간에 성령께서 예수님과 그가 예비하신 것들을 우리에게 보여주시게 되면 우리는 자유케 되며 그분 안에서 '머리가 되고 꼬리가 되지 않는'(신 28:13) 우리 자신을 보게 됩니다. 그리고 패배감은 결코 자리잡지 못할 은밀한 영역, 곧 우리 영혼에서부터 사라질 것입니다. 우리가 영적으로 승리할 때 다른 모든 영역에서도 승리하게 됩니다. 왜냐하면 세상을 이긴 이김은 곧 우리의 믿음이기 때문입니다(요일 5:4). 이와 같이 우리가 새로운 담대함과 확신으로 나아갈 때 우리의 처한 환경 속에서 우리를 위해 일하고 계시는 하나님을 볼 수 있게 됩니다.

우리는 스펄전 목사님의 이야기를 잘 알고 있습니다. 그가 한때 자신의 문제와 감당해야 할 일들로 인해 얼마나 염려하며 힘들어 했는지 말입니다. 마차를 타고 가다가 갑자기 그는 다리를 허공으로 차면서 크게 웃고 말았습니다. 그는 말합니다. 대서양을 마음껏 헤엄치던 물고기가 문뜩 헤엄치기에 충분한 물이 있을까 염려하는 꼴과 같은 자신의 모습을 깨닫고서야 심령에 기쁨과 자유를 회복하게 되었다고 합니다. 그의 모든 부족을 채우기에 주님의 은혜만이 충분함을 깨달은 것이지요. 바로 그 마차에서 주 예수의 전능하신 대언자께서 주린 하나님의 종을 위하여 위로자로서의 사역을 실행하셨던 것입니다.

이 이야기에서 우리는 사역에 필요한 성령의 능력에 관하여 호기심을 갖게 됩니다. 많은 사람들이 그것을 열심히 사모하고 있지 않습니까. 여기서 저는 제가 겪었던 것을 말씀드리고자 합니다. 제가 능력 그 자체에 관심을 집중하고 애타게 기도하기보다는 죽은 자 가운데서 부활하신 주 예수께 제 시선을 집중할 때, 주님은 제게 그에게 속한 능력과 권세가 무엇인지 보여주시며, 성령께서 위로부터 능력을 부어 주신다는 것을 깨닫게 되었습니다. 제가 그것을 깨닫게 되자 제 짐과 두려움 그리고 투쟁에서 벗어나게 되었습니다. 저는 다시 믿음 안에서 자신이 강건케 되었으며 사역의 현장에 필요한 하늘의 능력으로 부어 주심을 체험하게 되었습니다. 엘리사는 그의 주인 엘리야가 하늘로 올라가는 것을 바라보았을 때 그에게 있던 능력을 갑절이나 받을 수 있었습니다. 바라본 그 순간 그 능력의 상징인 겉옷이 그의 발 아래 떨어진 것입니다. 성령께서 우리에게 주 예수 한 분만으로 충분함을 매순간 보이시도록 자신을 내어드리고 또 그가 나타내시는 것들을 믿음으로 받아드릴 때, 우리는 위로부터 능력으로 입히우며 또 담대히 행하게 되며 하나님이 우리와 함께 일하고 계심을 볼 수 있게 됩니다.

가끔씩 제가 관여하고 있는 전도 캠페인에서 사람들이 제게 말하곤 합니다. '어떨 때는 캠페인이 잠시 시들하다가는 갑자기 모든 상황이 새롭게 바뀌는 게 참 신기하지 않습니까.' 하지만 제게는 그게 신기한 일이 아닙니다. 힘들고 기진한 한 사역자에게 그날 홀로 자신의 침실에서 무슨 일이 일어났는지 혹은 무엇을 보게 되었는지 저는 알고 있기 때문입니다. 모든 일들을 발 아래 두신 영광과 존귀로 관 쓰신 예수를 보았던 것입니다. 그를 누르던 중압감이 그분의 발 아래 있음을 본 것이지요.

너무나 빈번히 우리는 성령께서 우리에게 예수님을 나타내기를 원하시는 그 시간에 영광과 승리의 주님보다는 능력을 공급받기 위해 기도합니다.

그렇다면 우리가 필요할 때마다 어떻게 예수님에 대한 새로운 비전을 가질 수 있느냐고 묻게 됩니다. 저는 생각합니다. 그것을 가지려고 애쓰거나 기도하기보다는 하나님께 그것이 우리에게 없다고 그저 고백하십시오. 이때는 우리의 에너지를 다른 곳에 낭비하지 말고 오직 한 방향에 집중하십시오. 예수님을 볼 수 없다고 그분께 고백하십시오. 지금 여러분의 상태가 암울하고 자유롭지 못하며 평강이 없다고 아뢰십시오. 여러분 중심 깊은 곳에서는 그것이 선물로 주시는 것임을 알면서도 여러분의 노력으로 얻으려고 발버둥치고 있다고 고백하십시오. 이전에는 체험했던 예수님의 시각과 보혈, 그의 승리를 지금은 누리지 못한다고 말씀드리십시오. 그것을 노력으로 획득하려 하지 마십시오. 오직 그분께 지금 내게 없다고 아뢰십시오. 그리고 그분께서 왜 여러분이 지금 갖지 못한지를 보여주시도록 맡기십시오. 그러면 그분은 여러분에게 생각지도 못했던 어두운 것들을 보여주실 것입니다. 그러면 '그렇습니다'라고 인정하십시오. 바로 이것이 십자가에 달리신 예수님의 발 아래 나아간다는 말이 의미하는 것입니다.

어떤 사람들에게는 이런 말이 흔히 하는 말로 들릴지 모르지만, 여러분에게 이것은 경이롭고 성결한 체험을 하게 할 것입니다. 바로 그 자리에 가기만 하면 여러분은 예수의 보혈을 누릴 수 있습니다. 성령께서 주님의 품 안에서 여러분들을 치유해 주시고 또 우리를 위해 예수께서 예비하신 것들이 무엇인지 깨닫게 해주시며, 그의 충만을 소유하기 위해 우리에게 있어야 하는 것들을 채워 주시는 일에 그분의 발 아래서는 그리 오래 걸리지 않을 것입니다.

Be Filled Now

Roy Hession

제6장

성령에 대한 네 가지 자세

우리는 지금까지 하나님의 백성들 속에서 행하시는 성령님의 위치와 역할에 대해 알아보았습니다. 이제 우리는 그분에 대한 우리의 자세가 어떠한지 생각해 볼 때가 되었습니다. 우리는 과연 우리의 죄를 책망하시며, 우리에게 필요한 것이 오직 예수이심을 보여주시는 그분의 일을 행하시도록 그분께 허락하고 있습니까?

신약성경에서는 그분에 관하여 우리가 취할 수 있는 네 가지 자세에 대하여 말하고 있습니다.

1. 성령을 근심케 하지 말라

첫 번째는 성령을 근심케 하는 것입니다.

> 하나님의 성령을 근심하게 하지 말라 그 안에서 너희가 구속의 날까지 인치심을 받았느니라 너희는 모든 악독과 노함과 분냄과 떠드는 것과 훼방하는 것을 모든 악의와 함께 버리고(엡 4:30-31).

죄란 성령을 근심케 하는 것입니다. 특히 여기서 말하는 죄는 악독과 노함, 남을 악하게 말하는 것, 악의와 용서치 않음을 말합니다. 성령께서 오셔서 우리에게 나타내시는 분이 어린양의 존귀하신 이름으로 불리는 분임과, 온유하고 마음이 겸손하신 분이며, 부드러운 비둘기와 같은 분이심을 우리가 깨닫는다면 그를 근심케 하는 것들에 속하는 일이 무엇인지 우리는 알게 될 것입니다. 우리가 어린양이신 분의 성품이 아닌 모습을 보일 때마다(종종 우리는 사자의 모습이 아닙니까!), 특히 다른 사람들과의 관계에서 그럴 때마다, 우리는 그분을 근심케 하는 것입니다. 우리 자신은 그렇게도 자주 용서를 받으면서도 우리는 자신의 옳음을 주장하며 남들을 용서해 주기를 거부하지 않습니까. 우리가 이러한 죄들을 깨닫고 회개할 때까지 성령님은 우리와 함께 축복을 위한 그분의 길로 나아가실 수 없습니다.

이런 이유로 성령께서는 우리에게 다가오셔서 이러한 죄들을 책망하시며 우리와 변론하십니다. 하지만 이러한 일을 그분은 사랑으로 하십니다. 우리의 죄는 그를 진노케 하는 것이 아니라 근심케 하는 것입니다.

2. 성령을 거스리지 말라

우리가 그분을 향해 취할 수 있는 두 번째 자세는 성령을 거스리는 것입니다. 스데반은 그 당시 유대인들에게 말합니다.

> 목이 곧고 마음과 귀에 할례를 받지 못한 사람들아 너희가 항상 성령을 거스려 너희 조상과 같이 너희도 하는도다(행 7:51).

성령님이 우리의 죄를 책망하실 때에 우리는 저항할 수 있습니다. 그가 죄라고 지적하는 것들을 우리는 죄라고 시인하기를 거부할 수 있습니다. 우리는 때때로 완벽한 알리바이를 만들어서 우리 자신을 무죄로 만들곤 합니다. 우리가 성령님의 책망에 '그렇습니다'라고 말하게 되면 우리 자신을 굽혀야 하며 회개하고 돌이켜야 함을 알기 때문에 그렇게 합니다. 이것이 바로 성경이 말하는 '목이 곧고'라는 것입니다. 그리고 이것은 정말 심각한 상태이지요. 우리가 이 모습을 계속 고집하게 되면 엄중한 심판이 우리를 기다리게 됩니다. '자주 책망을 받으면서도 목이 곧은 사람은 갑자기 패망을 당하고 피하지 못하리라'(잠 29:1). 우리는 번번히 그리스도 안에서 형제나 자매들이 우리의 잘못을 지적할 때 그것을 인정하기를 거부하는 우리의 모습 속에서 성령님의 책망을 저항하는 우리 자신을 보게 됩니다. 성령의 책망이 그분으로부터 직접 우리의 심령에 닿을 때는 우리는 그것을 무시하곤 합니다. 하지만 그분은 종종 남들의 지적을 통해서 우리의 죄를 보여주십니다. 그럴 때는 우리의 자존심 때문에 그것을 인정하기가 갑절로 어렵게 됩니다. 하지만 우리가 축복을 누리려면 그것을 받아들여야만 합니다.

3. 성령을 소멸하지 말라

세 번째 경우는 우리가 성령을 소멸하는 것입니다. 바울은 말합니다.

> 성령을 소멸치 말며 예언을 멸시치 말고(살전 5:19-20).

이 말씀은 사람들 사이에서 활동하시는 성령님의 보다 협력적인 역할에 관한 것을 말합니다. 그 뒤에 나오는 예언을 멸시치 말아야 한다는 말씀에서 볼 수 있는 바와 같이 말입니다. 물을 부어서 불을 끄는 것과 같이 남들 속에서나, 혹은 교제나 모임 속에서 역사하시는 성령님의 불을 우리는 남들을 낙심시키거나 아예 저지시키는 찬물을 끼얹어 끌 수 있습니다. 성령님은 하나님 백성들의 회중이나 그들의 교제 속에서 주도권을 갖기를 원하십니다. 우리는 빈번히 성령께서 마땅히 행하셔야만 하는 방법들을 우리 머릿속에 미리 그려 놓고 어떤 형태로든 우리 생각과 꼭 맞지 않는 모든 성령님의 행하심을 저지하곤 합니다. 특히 우리의 기발한 방법들을 건너뛰거나 우리 자신의 특별한 역할이 무시될 때 그렇게 합니다. 부흥을 이루기 위해서는 반드시 목사나 선교사, 혹은 어떤 특별한 훈련을 통해서만 일어나야 한다고 얼마나 쉽사리 우리는 이렇게 생각합니까. 하지만 성령께서는 때로 전혀 보잘것없는 사람들을 통해 뒷문에서 부흥을 일으키시곤 합니다. 주 예수께서 그 사역에서, 혹은 교회나 선교 현장에서 얼마나 자주 문을 두드리고 계셨습니까. 그러나 주께서 적합한 통로나 통상적인 길로 오시지 않았기 때문에 그 문이 굳게 닫혀져, 하는 수 없이 그분을 정말 갈급하게 필요로 하는 그 상황에서 정작 주님은 슬프게 돌아서셔야만 했던 적이 얼마나 많았습니까.

4. 성령으로 충만케 되라

성령님의 역사에 우리가 취하는 네 번째 자세는 그분으로 충만케 되는 것입니다. 에베소서는 우리에게 말합니다.

> 술 취하지 말라 이는 방탕한 것이니 오직 성령의 충만을 받으라(엡 5:18).

우리가 근심케 하고 거스리며, 소멸하던 그 성령께서 이제 우리를 충만케 하시며 소유하십니다. 이것은 우리에게 얼마나 놀라운 항복과 반전인가요! 드디어 우리는 그분이 죄라고 책망하시는 것을 죄라고 시인하며 굴복한 것입니다. 이제 성령님은 아무런 방해 없이 우리의 모든 필요에 따라 예수님을 끊임없이 우리에게 보여주실 수 있게 된 것입니다. 그리고 엄청난 기쁨과 자유 그리고 능력으로 부어 주실 것입니다.

우리가 성령으로 충만케 되는 것에 관해 생각할 때는 항상 앞서 말한 세 가지 다른 자세들을 염두에 두고 해야 합니다. 그렇지 않으면, 성령의 충만을 그리스도 안에서 우리가 누려야 할 생득권이 아니라 어떤 특별한 축복으로 언제나 생각하게 됩니다. 이런 태도는 결국 우리를 안간힘과 좌절로 몰아가게 할 것입니다. 어느 순간이든 우리가 성령으로 충만케 되지 못하는 것은 오직 한 가지, 곧 우리의 죄 때문입니다. 죄로 인해 우리는 그분을 근심케 하며, 책망하실 때 저항하는 것입니다. 때론 수년 동안 메마르고 허탈한 상태에 빠져 있는 것도 단 한 가지, 바로 죄악이 쌓여서 그런 것입니다. 하지만 우리가 성령님의 책망에 자신을 굽히고 회개하기만 하면, 그분은 우리 심령 속에 예수와 그의 피를 증거하시고, 그 피가 우리가 고백한 죄를 깨끗케 하심을 믿을 수 있게 해 주십니다. 그러면 보혈로 씻겨진 그곳에 성령께서 충만케 하십니다. 우리 쪽에서 기다림이란 필요치 않습니다.

우리는 레위기에 나타나는 문둥병의 정결의식에서 이것을 잘 볼 수 있습니다(레 4장). 먼저 희생제물인 양의 피를 오른쪽 귀와 오른쪽 엄지손가락과 오른쪽 엄지발가락에 바릅니다. 그 다음엔 그 세 곳에 오늘날 성령을 상징하는 거룩한 기름을 바르게 됩니다. 먼저는 피며, 그 다음은 기름인 것입니다. 이것은 신자들에게도 마찬가지 순서입니다. 성령께서는 옛사람, 곧 십자가에 자신을 내어 주지 못한 육신을 충만케 하시지 않으며 능력을 부으시지 않습니다. 그분은 오직 회개가 있는 곳에, 즉 믿음으로 그리스도의 피가 죄를 덮은 곳에 임하십니다.

이것이 곧 하나님께서 귀히 여기시는 보배로우신 피의 효험인 것입니다. 우리가 아무리 실패자 중의 실패자라 할지라도 그가 참으로 회개했다면, 그의 심령과 생명을 성령께서 즉각 충만케 하실 것을 기대할 자격을 그 피가 주는 것입니다. 우리는 십자가보다 더 멀리 갈 필요가 없습니다. 바로 그곳, 죄가 씻겨진 그곳에, 그가 참으로 믿음으로 받아들인다면 성령께서는 그를 충만케 하시며, 그의 잔은 넘칠 것입니다.

제가 동료 사역자와 함께 브라질에서 목회자 세미나를 열고 있을 때 어떤 젊은 미국 선교사 한 사람이 사역지로부터 비행기로 날아온 것을 기억합니다. 영혼의 큰 고갈로 오게 된 것이었습니다. 대화하는 가운데 그는 불모지 같은 자신의 사역 현장과 자기 삶의 패배감에 대해 우리에게 들려주었습니다. 일 년 내내 그곳에는 단 한 사람의 결신자밖에 없었던 것이었습니다. 선교사들은 냉랭해져서 누군가 주님에 대해 진지하게 대화하고자 하면 그들은 농담조로 '마치 선교사처럼 이야기하는군!' 하곤 했습니다. 그는 최근에 어떻게 주께서 그의 마음에 다시 역사하셔서 하나님과의 관계를 회복하기 위해 회개해야 할 것들을 보여주셨는지 이야기했습니다. 그중에서는 동료

선교사들과의 관계 회복도 들어 있었습니다. 그 결과 선교사들 사이에 새로운 교제가 싹트기 시작했고, 그들의 사역에 새로운 축복이 임하게 되었다고 합니다. 우리가 그날 그에게 집회에서 간증해 달라고 제안했을 때, 그는 그의 간증에서 주께서 자신을 낮추셔서 십자가를 다시 붙잡도록 하신 놀라운 이야기로 끝을 맺으면서 고백했습니다. '하지만 저는 아직 성령으로 충만케 되었다고 말할 수가 없습니다. 아직도 그것을 찾고 있습니다.'

후에 저는 그를 따로 불러서 이야기했습니다. '당신의 간증으로 하나님을 찬양하는 중에 당신이 성령으로 충만케 되지 못했다는 말을 듣고 실망했습니다.' 우리가 계속 이야기하는 동안 성령으로 충만케 되기 위해 십자가보다 더 가야 할 필요가 없다는 것을 그가 깨닫기 시작했습니다. 깨어진 바로 그곳에 예수께서 그가 필요로 하는 모든 것이 되어 주신 것입니다. 그가 십자가로 나아왔을 때에 하나님은 그리스도의 피로 인해—그가 믿음으로 그것을 받아들인 것입니다—참으로 그를 성령으로 충만케 해주셨습니다. 그 자리에서 그는 자신을 위해 흘리신 예수의 피의 효험을 믿게 된 것입니다. 그가 머무는 동안,

나무 밑이나 어디서든 조용한 곳에서 우리는 그가 고개를 숙이고 경이로움으로 주께 경배하는 모습을 볼 수 있었습니다. 보혈로 정결케 됨과 성령으로 충만케 됨, 예수께서 그에게 필요한 모든 것이 되어 주심과 하나님 앞에서 의롭다 하심. 그리고 자신 속에 임한 거룩, 이 모두를 그가 믿게 된 것입니다. 그는 자신의 사역지로 눈부신 모습으로 자유를 누리며 돌아갔습니다. 그가 겸손히 자신의 간증을 그곳에서 나누었을 때에 주께서는 그의 간증을 통하여 다른 영혼들까지 사모하게 만드셨습니다. 그곳 사역자들은 회개하기 시작했고, 사람들이 난생 처음으로 그리스도를 찾기 시작했습니다. 그는 편지로 우리에게 전했습니다. '다시 생수의 강이 흐르고 있습니다.'

이처럼 성령으로 충만케 되는 하나님의 방법은 정말 단순하고 효력이 있는 것입니다.

Be Filled Now

Roy Hession

제 7 장

지금 충만을 받으라!

술 취하지 말라 이는 방탕한 것이니 오직 성령의 충만을 받으라 시와 찬미와 신령한 노래들로 서로 화답하며 너희의 마음으로 주께 노래하며 찬송하며 범사에 우리 주 예수 그리스도의 이름으로 항상 아버지 하나님께 감사하며 그리스도를 경외함으로 피차 복종하라(엡 5:18-21).

'성령의 충만을 받으라'고 하는 이 위대한 사도의 말씀을 좀 더 자세히 살펴봅시다. 특히 '충만을 받으라'(Be filled)라는 말씀의 문법적 구조를 주목하면 우리가 배워야 할 몇 가지 교훈들을 발견하는 데 도움이 될 것입니다.

1. 명령형이다

　먼저 그것은 명령형입니다. 즉 이 말씀은 명령인 것입니다. 바로 앞에 나오는 술 취하지 말라는 말씀과 같이 성령의 충만을 받으라는 말씀도 똑같은 하나님의 명령인 것입니다. 우리가 그리스도의 피로 정결케 되어 성령으로 충만함을 받지 못한다면 우리는 하나님께 불순종하는 것이 됩니다. 성령으로 충만케 되는 것은 주부나 사업가, 아니면 목사든 이것은 선택사항이 아니라 모든 그리스도인들의 의무인 것입니다. 그렇습니다. 성령의 충만은 부엌에서든 강대상에서든 우리의 처지에 따라 언젠가 훗날에 받으라는 명령이 아니라 바로 지금 받아야 하는 것입니다.

2. 수동태이다

둘째, '충만을 받으라'(Be filled)라고 하는 이 동사는 수동태입니다. 그것은 여러분 스스로 성령으로 채우는 것이 아니라 충만케 되는 것입니다. 이것은 우리 스스로 우리에게 할 수 있는 그런 것이 아니라 우리에게 주어지는 것입니다.

이 말은 곧 우리가 해야 할 것이라고는 우리 자신을 비우는 것밖에 없음을 내포하고 있습니다. 우리가 이런 빈 모습으로 하나님 앞에 서기를 주저하지 않는다면 우리는 훨씬 더 쉽게 성령으로 충만케 될 것입니다. 하지만 우리는 죄인의 모습 그대로 빈손으로 하나님 앞에 나아가기보다는 항상 뭔가 더 하려고 시도하며, 하나님께서 하시도록 내어드려야 할 것들을 우리 스스로 충족시키려고 노력하고 있지 않습니까. 성령으로 충만케 되는 것은 자신의 무능을 깨닫고 인정하는 사람들에게 믿음을 통하여 주어지는 것이지 달성해 내는 것이 아닙니다. 행위가 아니라 믿음으로 구원받는 것과 마찬가지 원칙으로 성령 충만도 그런 것입니다. 텅 빈 우리 자신 그대로 드리는 것 외에 아무것도 필요치 않음을 우리는 매리 섀클턴(Mary

Shackleton)의 은혜로운 찬송시에서 보다 더 잘 볼 수 있습니다. 첫 두 절을 한번 봅시다.

> 나 비록 이 땅에서 당신의 충만한 사랑
> 온전히 노래하며, 전하며, 알 수는 없지만
> 나의 빈 그릇 주께 그저 가져오네.
> 사랑의 생수 근원 당신께서
> 나의 그릇 채우시네.
> 사랑스런 모습도 내용도 없는 나의 이 빈 그릇,
> 당신께 그저 내어드리네.
> 죄인의 빈손에 간청을 담고,
> 거듭거듭 당신께 나오건만
> 당신은 사랑으로 나를 채우시네.

여기에 도움이 될 만한 간증이 하나 있습니다. 언젠가 저는 제 삶 속에 그리스도인으로서 크게 실족하여 그 패배감으로 깊은 침체에 빠졌던 적이 있었습니다. 저는 빈둥대며 제 메모장을 뒤적거리고 있었습니다. 그러다가 언젠가 끄적여 놓은 두 단어를 거기서 발견하게 되었습니다. '충만을 받으라.' 그 말은 제게 하나님께로부터 직접 온 말씀처럼 와 닿았습니다.

'그러나 주님, 저는 실패했습니다.'

'알고 있어, 하지만 충만을 받으라.'

'아니 저는 패배했는데 이렇게나 빨리 말입니까? 일단 제가 먼저 개선되어야 되지 않겠습니까?'라고 저는 대답했습니다.

'그런 건 네게 필요 없어.'

주님은 말씀하셨습니다.

'지금, 바로 지금 당장 충만케 되라.'

'어떻게 그렇게 될 수 있습니까? 저는 지금 죄 때문에 엄청 억눌려 있는데 말입니다.'

'예수의 피가 모든 죄로부터 너를 씻었어.'

주님은 끈질기게 제게 답변해 주셨습니다.

'그러니 충만을 받으라, 바로 지금.'

'충만을 받으라, 받으라, 받으라….' 저의 모든 회의 속에서 이 말씀이 계속 반향되어 왔습니다. 그날 하나님께서 제게 이런 말씀을 명하실 것이라고는 전혀 기대치 못했습니다. 가장 밑바닥에서부터 곧바로 제일 꼭대기까지 가는 것이 불가능하다고 저는 생각했습니다. 그러나 저를 온전히 정결케 하시는 예수님의 보혈의 능력을 제가 깨달았을 때 저는 그저 주님의 명령과 약속에 '아멘, 주님' 하며 죄 씻음과 충만을 받아들였습니다. 풍성한 축복의 날이 이어졌고, 그 후 더 넘치는 축복의 날들이 기다리고 있었습니다.

이것은 간단한 진리입니다. 성령 충만은 단지 자신을 성결케 하며 헌신된 그런 특출한 성자들만이 받을 자격이 있을 법한 그런 것이 아니라, 회개의 길을 찾은 범죄자들과 실패자들, 자신을 즉시 온전케 씻기시는 예수의 피의 효험을 깨닫는 자들에게도 주어지는 것입니다. 이 말씀이 명령형일 뿐만 아니라 수동형임이 얼마나 하나님께 감사한 일입니까. 이것은 곧 '은혜를 인하여 믿음으로 말미암아' 주어지는 것임을 뜻하는 것입니다. 나아가 이것은 '그 약속을 그 모든 후손에게 굳게 하려 하심이라'(롬 4:16)는 말씀을 암시하기도 합니다. 고결한 성자들뿐만 아니라 우리같이 연약하고 실패하는 사람들을 위한 것이기도 합니다. 은혜가 자신의 실패를 인정하는 실패자들에게 그 약속을 굳게 하는 것입니다. 그리고 그들은 지금 바로 그렇게 할 수 있습니다. 이것이 바로 은혜의 본래 속성인 것입니다. 누군가 이런 말을 한 적이 있습니다. '성령 충만은 우리의 신실함에 대한 하나님의 보상이 아니라 우리의 패배에 대한 하나님의 선물이다.' 그분은 제자들의 눈부신 활약의 절정에서 그 보상으로 사도행전의 마지막 장에 주어진 것이 아니라, 겁에 질려 문을 걸어 잠그고 모여 있던 제자들에게 사도행전 2장에서 부어진 것입니다.

그러므로 우리 스스로 먼저 나아지기 위해 투쟁할 필요가 없습니다. 그것은 곧 성령을 구하기 위해 '믿음에 의지하지 않고 행위에 의지함'(롬 9:32)이 되는 것입니다. 그리고 사람들이 생각하는 것처럼 기다릴 필요가 없습니다. 기다려야 한다면 우리가 죄를 죄라고 시인하며 그것을 가지고 십자가에 나오는 시간밖에 없습니다. 성령님은 이미 임해 계십니다. 그렇습니다. '너희는 위로부터 능력을 입히울 때까지 이 성에 유하라'(눅 24:49)는 말씀은 이전에 제자들에게 주어진 것이지만, 그것은 성령의 부어주심의 역사적 시점이 아직 도래하지 않았기 때문이었습니다. 하지만 지금은 그분이 오셨기 때문에 누구든지 충만케 될 수 있으며 바로 지금 그렇게 될 수 있습니다.

3. 진행형이다

'충만을 받으라'라는 말씀에서 주목해야 할 세 번째는 그것이 현재 진행형이라는 것입니다. 이것은 영어 역본에서는 불분명하며, 영어로는 아예 현재 진행형으로 나와 있지 않습니다. 하지만 '충만을 받으라'(Be filled)라는 헬라어의 이 말은 문자적으로 '계속 충만을 받으라'(Be being filled) 입니다. 다시 말해서 이 명령은 우리가 성령의 충만을 단 한 번 혹은 이따금씩 받으라는 말이 아니라 계속적으로 받으라는 말입니다. 이것은 정적인(static) 체험이 아닌 것입니다. 성령의 충만에 관해 주 예수께서는 요한복음 4장에서 우리 속에서 솟아오르는 생수로 묘사하고 있습니다. '나의 주는 물은 그 속에서 영생토록 솟아나는 생수가 되리라'(14절). 정적인 모습이 전혀 보이지 않는 말씀이 아닙니까.

성령의 충만을 계속적으로 받아야 한다는 사실은 정말 중요하기 때문에 저는 특별히 독자들이 이 말에 주의를 기울이기를 바랍니다. 만약 우리가 계속적으로 성령으로 충만케 되지 못한다면 우리가 체험한 이 놀라운 첫 경험은 과거의 기억으로 남아 있을 뿐 현재에는 공허하고 꺾여 버린 메마른 상태에 처하게 됩니다. 사람들이 지난날의 충만에 대해 이야기하면서 현재의 충만에 대해 할 말이 없는 것을 보는 것은 참으로 슬픈 일일 뿐만 아니라 암담한 일이기도 합니다. 그들이 현재에 대해 침묵하는 것은 어쩌면 지금은 아무것도 일어나지 않는다는 것을 보여주는 것이겠지요. 지금 현재 성령의 충만에 관한 간증이 없다면 과거에 있었던 간증들에 대해 차라리 침묵하는 편이 더 낫지 않을까요.

하지만 과거의 그 모든 체험에도 불구하고 현재 우리에게 아무런 체험이 없을 수도 있다는 것은 엄연한 사실입니다. 그의 빛 가운데서 우리가 계속 행할 때만이 오늘의 축복은 우리 것이 됩니다. 한번이라도 그 빛을 외면하거나 비록 사소한 것이라 하더라도 어느 시점에서 그분의 책망을 받아들이지 않는다면 우리는 성령님의 흐름을 차단할 수 있게 됩니다. 그러나 어제 우리에게 주어진 '충만을 받으라'는 이 명령은 오늘도 여전히 우리에게 바로 지금 다시 주어진 것이며, 우리가 회개하기만 하면 어제 우리를 정결케 씻기신 보혈은 오늘도 우리를 씻기시며, 어제 우리의 잔을 넘치도록 채우셨던 주 예수께서 어제처럼 오늘도 우리에게 그렇게 하실 것입니다. 우리가 끊임없이 성령으로 충만케 되기 위해서는 그리스도의 보혈이 가져다주는 죄 씻음과 끊임없이 동행해야 하는 것입니다. 요한일서 1:7에 보면 또 하나의 숨겨진 현재 진행형이 나옵니다. '저가 빛 가운데 계신 것같이 우리도 빛 가운데 행하면… 그 아들 예수의 피가 우리를 모든 죄에서 깨끗하게 하실 것이요(goes on cleansing us).' 그러나 이 계속적인 죄 씻음은 자동적인 것이 아닙니다. 우리가 계속적으로 빛 가운데서 행할 때에만 깨끗하게 되는 것입니다. 다시 말해서 빛이 보여주시는 것에 우리가 '그렇습니다'라고 고백할 때에, 즉 끊임없이 우리가 회개할 때 그렇게 된다는 말입니다.

아프리카 동부에서 일하던 어느 여선교사가 제게 이야기를 들려준 적이 있습니다.

'자매님은 오늘 아침 주께 영광을 돌렸나요?'

아프리카 사역자 한 사람이 인사를 했습니다.

'아뇨, 정직히 말해서 오늘 아침은 아니에요.'

'아니, 왜죠?'

잠시 머뭇거리다가 그녀는 풀이 죽어 대답했습니다.

'오늘 아침 집에서 자제력을 잃고 말았어요.'

'그러면 예수의 피가 그 능력을 상실한 건가요?'

이 한마디를 남기고 그는 조용히 그녀 곁을 지나갔습니다. 하지만 그 말은 그녀에게 꼭 필요한 말이었습니다. 그 피가 정말 효험을 잃지 않는 것임을 그녀가 직시한 후 곧 주님 앞에 나아와 회개하였고, 그녀는 깨끗케 되어 새로이 충만케 되었습니다. 새로운 모습으로 그녀는 주께 영광을 돌리게 되었습니다.

아무리 성령 충만의 첫 체험이 엄청나다 하더라도 지극히 작은 죄 하나라도 끊임없이 그리스도의 피에 씻고자 하는 그런 준비된 자세로서만이 성령 충만은 지속되는 것입니다. 이러한 끊임없는 죄 씻음과 계속적인 충만함이 없다면 우리의 첫 체험은 과거의 슬픈 기억에 지나지 않으며 현재의 공허와 냉랭함을 지적하는 것에 불과할 것입니다.

그렇습니다. 과거의 잊을 수 없는 그 체험은 때로 그에게는 한평생 부담으로 남아 있게 될 것입니다. 왜냐하면 아무리 몸부림쳐도 다시 얻을 수 없는 그 체험에 대한 기억이 그를 따라다니게 될 것이기 때문입니다. 그러나 만일 주께서 빛 가운데 계신 것같이 우리가 빛 가운데 행하면, 그리고 그 빛이 죄라고 보여주시는 모든 것에 '그렇습니다'라고 즉각 시인하기만 하면, 예수의 피가 모든 죄에서 우리를 끊임없이 깨끗케 해 주실 것이며, 죄가 앗아가 버린 것들을 은혜가 다시 회복시켜 주며, 성령 충만의 체험은 바로 지금 이 시간 새롭게 임하게 될 것입니다.

이 모든 것들은 여러 가지 중요한 일들과 연관을 가지고 있습니다. 그중 하나가 교제에 관한 것입니다. 어떤 그리스도인들은 성령의 은사(방언이나 신유 등)를 가지고 있는가 하면 다른 이들은 없기 때문에 그들 서로 간의 교제에 때로 갈등이 있을 수도 있습니다. 성령의 은사를 체험했다고 해서 그것 자체가 그 사람의 마음에 죄가 들어오는 것을 막아 주는 것은 아닙니다. 일단 들어오면 과거의 체험들을 반추해 보거나 새로운 체험을 얻기 위해 안간힘을 다한다고 해서 평강을 회복할 수는 없습니다. 이전에 대단한 체험이 아예 없었던 자처럼 빈손으로 주 예수의 십자가에 죄인의 모습으로 나아오는 길밖에 없기 때문입니다. 그의 허물을 깨끗케 하며 그를 온전케 할 수 있는 것은 오직 주 예수의 피밖에 없습니다. 그곳에서 그는 다른 사람들도 만나게 될 것입니다. 그들 각자의 교리적 배경이 그들이 처한 궁핍 가운데 아무런 도움이 되지 못함을 깨달은 자들, 십자가에 나아와 회개하는 사람들을 말입니다. 그들 간에는 아무런 차이가 없습니다! 오직 죄인들일 뿐입니다. 하지만 그러기에 이제 그들 사이의 벽들이 무너지고 서로 교제하게 된, 그런 자신들을 발견하는 죄인들인 것입니다. 만일 우리가 정말 이러한 하나님과의 '지금'이라는 관계의 차원에서 살기로 마음 먹는다면 우리가 남들보다 더 낫다고 여기는 배경들은 우리 발 아래 내팽개쳐질 것입니다. '지금'이라는 이 시간 속에서 우리는 스스로 잘못된 것들을 고백하며 회복케 되기 위해 예수의 발 아래 나아갈 길을 찾아야만 합니다. 그곳에서 우리는 솔직하게 진실함으로 나아온 다른 이들의 사랑에 이끌려 다가서게 될 것입니다.

과거의 체험을 연민하는 것으로써 우리는 지금 현재 하나님과의 정직한 만남을 결코 대신할 수는 없습니다. 하지만 이 하나님과의 대면은 회개만이 전부는 아닙니다. 우리의 믿음도 포함됩니다. 누군가 말했듯이, 믿음이란 우리가 갖지 못한 것들을 하나님께 구하는 것이 아니라 우리가 가지고 있다고 하나님께서 말씀하신 것들을 사용하는 것을 말합니다. 그것은 하나님의 말씀에 우리가 단순히 응답하는 것입니다. 우리가 말씀 앞에서 믿음으로 '감사합니다, 주님'이라고 말하는 것입니다. 하지만 먼저 말씀이 우리에게 와야 하는 것입니다. 그렇지 않으면 믿음은 단지 우리 스스로의 노력에 지나지 않게 됩니다. 그 예로 제가 이 책자를 쓰면서 겪었던 경험을 말해 보겠습니다. 앞부분을 쓰는 동안 제 마음이 침침하고 생동감이 없었습니다. 영감이 떠오르지 않았습니다. 저는 혼잣말로 중얼거렸습니다. '다른 어느 때보다도 바로 지금 이 시간이 성령으로 충만케 된 느낌이 없는 때인데 내가 어떻게 그것에 관해 쓰려고 하지.' 바로 그 상태에서 저는 애써 기도하며 제게 없다고 생각되는 것을 갈급하게 구하고 싶은 유혹을 받았습니다. 하지만 불쌍하게도 저는 더 이상 저를 괴롭히는 그 어떤 것도 할 힘이 없었습니다. 시작하기도 전에 저는 나가떨어져 있었던 것입니다. 회개할 게 있나 하고 제 마음을 살펴보는 것조차도 스스로의 노력에 불과하다는 생각이 들었습니다. 막다른 지경에서 저는 하나님께 그저 제 꼴을 말씀드렸습니다. 그날 아침 묵상집 「매일의 빛」(Daily Light) 12월 2일자의 첫 본문에서 하나님의 말씀이 제게 임했습니다. '너희는 거룩하신 자에게서 기름 부음을 받고 모든 것을 아느니라'(요일 2:20). 하나님께서는 제가 그것을 이미 가지고 있다고 말씀하셨습니다. 제가 성경을 펴고 읽어 내려가다가 그 본문 뒤에 '너희는 주께 받은 바 기름 부음이 너희 안에 거하나니'(27절)라는 말씀이 눈에 들어왔습니다. 주께 받은 바 기름 부음이 제 안에 거한다고 주께서 말씀하신 것입니다. 다른 단어로는 머문다는 것이고 이 말씀은 변하지 않는 것입니다. 제가 이미 가지고 있고 결코 변하지 않는다고 말씀하신 분은 하나님이십니다. 그러므로 저는 더 이상 생각할 필요가 없었습니다. 그것은 핍절한 가운데 처한 제게 주신 하나님의 말씀이기 때문입니다. 냉랭한 나의 느낌이나 감정에서 벗어나 하나님의 말씀으로 돌아가 '감사합니다, 주님'이라고 말할 수 있는 것이 얼마나 안전한 일입니까. 그러자 성령님으로부터 새 생명과 담대한 마음, 제게 필요한 도움이 얼마나 신속히 왔는지 모릅니다. 믿음은 우리가 갖지 못한 것을 구하는 것이 아니라 이미 갖고 있는 것을 사용한다는 진리를 저는 다시금 깨닫게 되었습니다.

저는 지금 저의 냉각기와 무기력으로부터 오직 믿음으로만 벗어날 수 있었다는 것을 말씀드리고 있습니다. 회개에 주

력해야 할 때에라도 믿음이 따라야 하는 것입니다. 흔히들 동경하는 그런 절정의 체험이 갑자기 제게 임해서 회복된 적은 없었습니다. 물론 그런 체험들을 사모하며 간구하기도 했지만 결국은 지쳐서 제 기도는 저를 낙심케 했으며 마침내 포기하고 제자리로 돌아가게 되었습니다. 그때에 하나님의 말씀이 임한 것입니다. 그 말씀은 은혜의 축복을 선포하셨고, 우리가 믿음으로 그 진리를 받아들이면, 하나님께서 선포하시고 약속하신 것들을 친히 이루시는 것입니다. 그리고 우리는 마침내 말할 수 있습니다. '주께서 내게 말씀하시고 또 친히 이루셨사오니'(사 38:15). 여러 가지 체험들이 수도 없이 있었지만 그것들은 한결같이 믿음으로 말미암아 왔습니다.

이러한 우리를 위해 예비하신 주님의 풍성한 은혜 속에서 그분은 지금 우리에게 말씀하고 계시지 않습니까.

성령의 충만을 받으라, 바로 지금!

제 8 장

성령 충만의 결과

지금까지 우리는 '성령의 충만을 받으라'고 하는 사도의 말씀을 상고해 보았습니다. 이제 이어지는 말씀에서 언급되는 성령 충만의 결과들에 대해 생각해 보기로 합시다. 그 결과들이 본문에 자세히 묘사되고 있지만 우리가 흔히 생각하는 그런 성령 충만에 관한 결과가 아닌 것들도 더러 있습니다.

성령께서 우리를 훌륭한 설교가나 아니면 어떤 특별한 그리스도인으로 만든다든지 하는 말은 여기에 없습니다. 여기에서 말하고 있는 결과들이란 그런 것들보다 훨씬 평범한 것들입니다. 어쩌면 그게 더 나을 지도 모릅니다. 왜냐하면 우리 중 대부분은 하나님께로부터 그렇게 특별한 사역의 영역에 한 번도 서지 못할 지도 모르기 때문입니다. 그분의 일은 우리를 정상인으로 만드는 것입니다. 그래서 우리가 지극히 평범하다고 생각하는 삶에 일평생 그분과 동행하도록 하는 것입니다.

1. 마음으로 주께 노래하라

성령의 충만을 받은 첫 번째 결과는 마음으로 주께 노래하는 것입니다. '성령의 충만을 받으라'라는 말씀 바로 다음에 나오는 말씀을 보십시오.

> 시와 찬미와 신령한 노래들로 서로 화답하며 너희 마음으로 주께 노래하며 찬송하며(엡 5:19).

이 말씀에서 우리는 주 예수께 찬양과 고백이 넘침을 볼 수 있습니다. 새로이 충만케 된 사람은 예수로 충만케 되었기 때문입니다! 마음으로 주께 찬양하는 이 모습들은 부엌에서든 목회자의 서재에서든 생생한 일입니다. 그렇습니다. 주부라 하더라도 주 예수와 동행할 줄 안다면 그렇지 못한 목회지의 서재보다 부엌이 더 큰 승리가 있는 곳이 될 것입니다. 하지만 이렇게 찬양하는 것은 아주 이성적인 행동입니다. 결코 감정적으로 들떠서 하는 행동이 아닙니다.

성령의 충만이란 성령께서 우리의 모든 필요에 따라 행하시는 예수의 모습들을 끊임없이 우리에게 보여주시는 것이라고 할 수 있습니다. 만약 그렇지 못하다면 성령 충만은 아무런 의미가 없을 것입니다. 오직 우리는 그리스도로 충만, 그의 은혜로 충만케 되는 것입니다. 그러므로 찰스 웨슬레와 같이 우리는 노래하지 않을 수 없습니다.

> 내 마음은 그리스도로 충만하네.
> 영광의 주를 외치고 싶어라.
> 나 주를 높여 찬양하리.
> 아무도 멈출 수 없네, 그분께 찬양을

바로 이것이 오순절날 성령께서 강림하셨을 때 처음 나타났던 현상이었습니다. 그날 듣던 자들이 말했습니다.

> 우리가 다 우리의 각 방언으로 하나님의 큰일을
> 말함을 듣는도다(행 2:11).

제자들이 다른 방언으로 말한 사실은 그리 중요한 일이 아닙니다. 중요한 것은 그들이 말한 내용, 즉 '하나님의 큰일'입니다. 그들은 열심으로 찬양했으며, 그것은 성령께서 그들에게 죽은 자 가운데서 부활하사 그들을 위해 하나님 우편에 서서 이스라엘로 회개케 하여 죄사함을 얻게 하시려는 예수를 보여주셨기 때문입니다. 이 모든 일을 이루신 하나님의 놀라우신 은혜로 그들은 그날 찬양하지 않을 수 없었던 것입니다. '그가 내 영광을 가지고 나타내리니 내 것을 가지고 너희에게 알리겠음이니라'라고 하신 주님의 약속을 말씀 그대로 이루신 것입니다. 그들의 찬양과 기쁨, 담대함은 모두 성령께서 그들에게 보여주신 것들의 결과입니다. 다른 방언으로 그들이 말하게 된 것 역시 그들이 본 것의 결과입니다. 그들의 심령은 예수의 모습으로 충만했기 때문에 그들이 알고 있는 언어의 한계를 넘어 하나님을 찬양할 수 있었고, 그것은 예루살렘에 모여 있던 사람들에게 표적이 되었던 것입니다. 만약 다른 방언으로 말하는 이 기적이 성령께서 예수님에 관해서 그들에게 보여주신 것들을 표현하는 것이 아니었다면 그것은 전적으로 무의미한 것이었을 것입니다.

  너무나도 쉽게 우리는 성령으로 충만케 되는 것을 무슨 영감을 받는다든지, 환희의 극치나 새로운 담대함과 자유로움으로 하나님을 찬양하게 되는 것, 때로 다른 방언으로 찬양하는 그런 것들과 연관 지어 생각하곤 합니다. 그리고 이런 것들이 나타나게 될 주된 것으로 생각하고 우리는 그것들을 찾게 됩니다. 하지만 그러한 것들이 성령께서 우리에게 주시는 주된 선물이 아님을 아무리 강조해도 지나치지 않을 것입니다. 그분이 우리에게 주시는 주된 선물은 그리스도의 것들을 가지고 우리에게 그것들을 보여주시는 것입니다. 기쁨이나 하나님께 찬양하는 것은 단지 그것의 결과로 따라오는 것들입니다. 왜냐하면 우리가 그분 안에서 깨닫게 된 이것은 우리같이 가망 없는 자들에게는 한없이 좋은 소식이기 때문입니다. 그러므로 아는 언어로든 모르는 언어로든 찬양할 수밖에 없는 것입니다. 하지만 바울은 그것을 알아듣는 말로 하는 것이 모르는 방언으로 하는 것보다 훨씬 더 낫다고 했습니다.

> 교회에서 네가 남을 가르치기 위하여 깨달은 마음으로 다섯 마디 말을 하는 것이 일만 마디 방언으로 말하는 것보다 나으니라(고전 14:19).

왜냐하면 다른 사람들도 동참하여 유익을 얻을 수 있기 때문이며 대부분의 사람들도 그렇게 생각하리라 믿습니다. 만약 우리가 이러한 것들을 그분의 주된 선물로 잘못 알고 찾게 되면 그런 것들을 받지 못할 때 실망하게 되며 또 받게 되면 그것들을 너무 중요시하는 위험에 빠지게 될 것입니다. 하지만 성령께서 우리에게 예수를 새로이 보여주시기를 기대한다면 우리는 곧 '시와 찬미와 신령한 노래들로 서로 화답하며 너희의 마음으로 주께 노래하며 찬송하게' 될 것입니다. 우리의 기쁨은 이성적인 근거에서 오는 것입니다. 그러므로 우리가 보는 것들을 남들에게 말할 수 있으며, 그들 또한 우리가 본 것을 보게 되어 우리의 기쁨에 동참할 수 있게 될 것입니다.

2. 범사에 감사하라

두 번째 나오는 결과는 범사에 감사하는 것입니다. '범사에 우리 주 예수 그리스도의 이름으로 항상 아버지 하나님께 감사하며'(엡 5:20). 이 말씀은 곧 모든 일 속에서 하나님을 발견하는 것이며, 또 그 모두가 어디서 시작되었던지 간에 우리에게 일어날 때에는 하나님을 사랑하는 자들에게 모든 것이 합력하여 선을 이루시는 그분의 허용적 의지에 의해 일어남을 아는 것을 뜻합니다. 그러기에 그것들이 어떻게 선을 이루게 될지 우리가 알든 모르든 감사해야 할 일들인 것입니다. 이러한 감사의 태도는 우리가 교만하거나 하나님 앞에서 우리의 권리와 자기중심적 모습들을 포기하려 하지 않는다면 전혀 불가능하며, 결국은 자기 연민과 불평만 남게 됩니다. 이 감사하는 소중한 마음은 성령의 충만과 밀접하게 연결되어 있습니다. 왜냐하면 하나님께서는 산을 메우시는 것이 아니라 오직 골짜기만을 메우실 수 있기 때문입니다. 하나님께서 허락하신 모든 일에 굴복하고 또 기뻐하는 이러한 깨어진 모습은 성령으로 충만케 된 상태인지 아니면 결과인지는 말하기 힘들지만, 아마도 둘 다일 것입니다. 본문에서는 성령 충만의 결과로 제시되고 있습니다. 반면에 우리가 굴복하기를 싫어하면 자기 연민과 불평, 의심과 같이 성령의 충만을 받지 못하게 하는 죄를 낳게 되며, 이러한 죄들을 고백하고 그리스도의 피로 씻음을 받아야만 합니다. 특별히 이 경우에서만은 우리가 고백과 죄 씻음을 때로 되풀이 해야만 합니다. 우리 중 어느 누가 언젠가는 모두 겪게 되는 혹독한 시험 중 어느 하나라도 자기 연민에 빠지지 않고 통과한 사람이 있었습니까. 적어도 처음에는 말입니다. 하지만 우리가 잘못을 인정할 때 하나님께서 우리의 자세를 회복시켜 주시니 얼마나 감사한 일입니까.

3. 피차 복종하라

세 번째 언급되는 결과는 본문에서 가장 많은 지면을 차지한 것으로 미루어 볼 때 아마도 가장 중요한 것인, 피차 복종하는 것입니다. '하나님을 경외함으로 피차 복종하라'(엡 5:21). 하나님께서 우리와 남들 간의 관계에 대하여 말씀하실 때에는 항상 '복종하라', '굴복하라'라는 말씀을 우리에게 주십니다. 이 본문에서는 삶 속에서의 각 관계가 이러한 시각으로 조명되어야 함을 보여줍니다. 아내들은 자기 남편들에게 복종하기를 주께 하듯 해야 합니다(엡 5:23). 이 말씀은 참으로 되돌아 봐야 할 말씀이 아닙니까. 요즘처럼 '여성 상위시대'라는 말이 우스개가 아니라 현실이 되어 버린 지금, 가정에서는 여자들이 주도하며 간섭하는 일이 인정되는 시대에 말입니다. 하지만 신자들은 성령의 충만을 받기 위해 이것을 자복해야 합니다. 그 다음 바울은 남편들에 대해 말하고 있습니다. 이들은 그들의 아내들에게 복종하도록 부르심을 입은 것이 아닙니다. 바울이 다른 지문에서 남자들의 머리 됨을 수고로이 강조하고 있음을 보면 참으로 그렇습니다. 하지만 남편이 더 낮아져야 함을 요구하고 있습니다. 그는 아내 사랑하기를 그리스도가 교회를 사랑하시고 위하여 자신을 주심같이 해야 하는 것입니다(엡 5:25). 그리스도께서 교회를 사랑하시는 것은 자신을 주시는 사랑입니다. 이 사랑 때문에 크신 자가 젊은 자를 섬기는 자리까지 내려오시지 않았습니까. 이처럼 자신을 내어 주시는 사랑으로 남편들은 아내를 사랑해야 합니다. 물론 성경은 그들을 큰 자들이라고 인정하고 있지만 십자가 앞에서는 자신들의 권리를 내세울 수 없습니다. 큰 자들이지만 젊은 자들을 약한 그릇으로 알고 섬겨야 하며, 그리스도께서 하시는 것처럼 아내들을 세워 주어야 합니다. 이 말씀은 남자들의 이기심과 교만을 질책하는 말씀입니다. 그러므로 이러한 일이 있을 때에 신자들은 이 죄를 자복해야 합니다.

본문에 언급된 남들과의 관계에 있어서 이처럼 한쪽에서 일방적으로 복종하며 자신을 내어주는 보살핌으로 돌봐야 하는 관계들이 또 있습니다. 자녀들은 그들의 부모에게 주 안에서 순복하며 따라야 합니다. 여기서 자녀들이라 함은 십대들도 포함된다고 생각합니다. 반면에 부모들은 그들의 가족을 경건한 훈계로 양육하며 이해의 부족이나 난폭함으로 어린 자녀들을 쓸데없이 노엽게 해서는 안 될 것입니다. 고용인들은 그들의 고용주에게 그리스도를 섬기듯 그들을 섬겨 복종해야 합니다. 한편, 상전들도 고용인들의 안녕에 관심을 가져야 합니다. 그들에게 격노치 말며 ('공갈을 그치고') 자기 자신도 하늘에 자신이 고용인들에게 행한 바대로 마땅히 갚고자 하시는 상전이 계심을 깨달아야 하는 것입니다. 우리의 삶의 모든 관계 속에서 서로 복종하며 섬기는 것은 성령 충만의 결과 중 하나입니다. 곧은 목을 숙이는 자세야말로 우리 심령에 그리스도로 충만한 삶을 누리게 하는 하나님의 방법인 것입니다.

하지만 더 복종하며 섬기려고 노력함으로써 성령의 충만을 받게 되는 것이 아님을 잊지 맙시다. 오히려 우리가 사람들에게 복종하지 않았음을 회개하며 사랑해야 할 사람들을 사랑치 않았음을 고백함으로써 받는 것입니다. 하나님께서는 이처럼 우리가 자백한 죄에 덮힌 그의 아들의 피를 귀히 보시고 그 피가 깨끗케 한 곳에 성령께서 충만히 임하셔서 우리 속에 남들에게 복종하며 사랑하고자 하는 온유한 마음을 창조하십니다.

성령으로 충만한 삶의 원인과 결과에 대해 우리에게 보여주시는 이 축복과 도전의 말씀을 이제 온전히 실천해 봅시다.

> 술 취하지 말라.
> 이는 방탕한 것이니
>
> 오직 성령의 충만을 받으라.
>
> 시와 찬미와 신령한 노래들로

서로 화답하며

너희 마음으로 주께 노래하며 찬송하며

범사에 우리 주 예수 그리스도의 이름으로

항상 아버지 하나님께 감사하며

그리스도를 경외함으로

피차 복종하라(엡 5:18-21).

토마스 왓슨 시리즈

회개 *Repentance*
이기양 옮김/ 46판/ 184면

새의 두 날개와 같이 성도에게 절대적으로 필요한 은혜가 있다면, 그것은 믿음과 회개일 것이다. 본서는 이 두 날개 중의 하나인 회개에 대해 자세하고 심층 있게 설명해 준다.

묵상 *Gleaning from Thomas Watson*
이기양 옮김/ 46판/ 160면

본서는 토마스 왓슨의 저서 중에서 정선된 영적인 보석들과 짧은 금언들의 수집서로서, 독자들로 하여금 하나님의 은혜의 깊은 샘을 경험하도록 도와준다.

앤드류 머레이 시리즈

순종 *The School of Obedience*
김문학 옮김/ 46판/ 144면

본서는 성경에서의 순종의 위치, 그리스도의 순종, 참된 순종의 비결 등을 다룸으로 순종하는 생활의 영적 특성과 그 절대적인 필요성 그리고 실제적인 가능성을 중요한 요점으로 간략하게 종합한다.

겸손 *Humility*
강철성 옮김/ 46판/ 152면

본서는 겸손이야말로 우리의 진정한 고결함이라는 사실과 모든 사람의 종이 되는 것이 하나님의 형상으로 창조된 우리의 운명을 가장 고귀하게 성취하는 것이라는 사실을 깨닫게 한다.

헌신 *Absolute Surrender*
이용태 옮김/ 46판/ 184면

본서는 현대교회가 가장 시급히 해야 할 일은 온전한 헌신임을 잘 설명한다. 하나님의 일꾼은 재능이 있고 똑똑한, 소위 사회적 지위와 명성을 가진 자가 아니라 전적으로 헌신된 자임을 말해준다.

하나님의 치유 *Divine Healing*
장진욱 옮김/ 46판/ 304면

본서는 머레이 자신의 경험을 통해 성경이 질병에 대해 어떻게 말하고 있으며 우리가 그리스도 안에서 어떻게 하나님의 치유를 받을 수 있는지 설명해 준다.

Andrew Murrey

지금 충만을 받으라 Be Filled Now

2011년 4월 26일 초판 발행
2013년 4월 26일 초판 2쇄 발행

지은이 | 로이 헷숀
옮긴이 | 정 갑 중

펴낸곳 | 사)기독교문서선교회
등록 | 제16-25호(1980. 1. 18)
주소 | 서울시 서초구 방배로 68
전화 | 02) 586-8761~3(본사) 031) 942-8761(영업부)
팩스 | 02) 523-0131(본사) 031) 942-8763(영업부)
홈페이지 | www.clcbook.com
이메일 | clckor@gmail.com
온라인 | 국민은행 043-01-0379-646, 기업은행 073-000308-04-020
　　　　　예금주: 사)기독교문서선교회

ISBN 978-89-341-0907-5 (03230)

* 낙장·파본은 교환해 드립니다.